KB253840

목회서신 강해설교

진리의 꼴로 양을 먹이라

(디모데전·후서 / 디도서)

이원석 지음

도서출판 세줄

저자 서문

먼저 이 설교집을 출간하게 해주신 하나님께 무한한 영광을 돌려 드립니다.

필자는 총회신학교 및 여러 신학교에서 32년간 조직신학을 강의해왔다. 그러던 중 2년 전 모 신학교에서 "목회서신" 강의를 부탁받았는데, 강의 교안으로 작성하여 강의했던 것을 수정·보완하여, 금번 성역 46년, 은광교회 개척 31년간의 목회를 마치며 원로목사로 추대되어, 은퇴 기념 및 경천노회 공로목사로 추대됨을 기념하여 설교집을 내게 되었다.

이 책자는 학문적인 이론을 자랑하기 위한 것이 아니다. 부족한 종의 강의안을 강해 설교집으로 출간하며, 목회하시는 여러 동역자들에게 작은 반딧불이 되고 참고가 될 수 있다면 한없는 종의 보람이라 생각한다. 본래 교재로 사용하였던 것이기에 원어를 사용하면서 작성하였는데, 강해설교에 조금이나마 도움이 되리라 믿는다. 이 책을 읽는 모든 동역자들께 하나님의 크신 은총이 항상 함께하셔서 능력 있는 설교자들이 되시고, 섬기는 교회에 크신 부흥이 일어나기를 바란다.

지금까지 어려운 성역에 많은 희생과 기도와 헌신으로 내조를 아끼지 아니한 사랑하는 아내와, 어려운 목회생활 가운데서도 묵묵히 따라준 자녀들에게 감사하며, 은광교회 성도님들과, 경천노회 동역자님들과 이 설교집이 나오기까지 많은 수고와 노력을 해주신 김주현 목사에게 감사의 마음을 드린다.

끝으로 부족한 종이 펴낸 설교집이지만, 이 책을 읽으시는 모든 동역자님들과 독자들에게, 주님을 향한 뜨거운 사랑과 성령 충만하심과 헌신봉사로 삼위 하나님께 큰 영광을 돌려드리며, 항상 소망이 넘치고 하나님의 약속하신 축복이 임하여 복된 삶이 되시기를 기도드립니다.

2011년 2월 겨울, 서재에서
저 자 識

목　차

[디모데전서]

[디도서]

디모데전·후서 / 디도서(牧會書信)

“만일 내가 지체하면 너로 하나님의 집에서 어떻게 행하
 여야 할 것을 알게 하려 함이니 이 집은 살아 계신 하나
 님의 교회요, 진리의 기둥과 터이니라.” (딤전 3:15)

목   표

1. 그리스도의 사역을 하는 자에게 있어서 중요한 점은 자
기 자신에 대한 관리와 사역이며, 만나는 사람들과의 바른
관계 유지임을 알게 한다.
2. 주님의 일을 하는 사람은 거짓 교리와 배교에 대하여
경계해야 하며, 말과 행실과 사랑과 믿음과 정절에 대하여
본이 되어야 함을 깨닫게 한다.
3. 올바른 믿음에 기초한 올바른 행실로 교회의 규칙과
질서를 지켜 경건하게 살도록 인도한다.

강   의

1. 책명 : 목회서신, 디모데와 디도에게 보내는 개인의 편
             지, 실천신학의 교과서, 바울과 디모데의 관계
             (미덕), 그리스도인의 신령한 전투에서 예수 그
             리스도의 선한 병사를 위한 안내서이다.

2. 주제 : 교회 목회의 원리적인 면들과 목회자가 지녀야

할 자질, 거짓교리와 배교에 대한 경계, 올바른
믿음에 기초한 올바른 행실, 교회의 규칙과 질
서와, 조직 신자들의 경건한 삶과 선행

3. 구조 : (딤전 1장 : 디모데에 관한 권면)
　　　　 (딤전 2장-6장 : 디모데에게 준 교훈)
　　　　 (딤후 1장-2장 : 말씀을 지켜라)
　　　　 (딤후 3장-4장 : 말씀을 선포하라)
　　　　 (딛 1장 : 건전한 교리를 수호함)
　　　　 (딛 2장-3장 : 건전한 교리를 실천함)

4. 내　용
[디모데전서]
　1) 바른 교훈의 긴박한 필요성(1장)
　2) 기도의 본질과 기도하라는 명령(2:1-7)
　3) 영적으로 갖추어야할 자질(2:9-3장)
　4) 그리스도인과 일꾼의 영적 의무(4장-6장)
[디모데후서]
1) 바울이 자기 형편을 암시함(1:1-18)
2) 지도자의 책임에 대한 설명(2:1-4:7)
3) 마지막 부탁(4:8-22)
[디도서]
1) 교회 조직의 문제(1:1-9)

2) 그레데인의 본성(1:10-16)

5. 적용
 1) 선한 사업에 부한 자(딤전 6:17-18)
 2) 하나님의 교훈을 빛나게 할 특권(딛 2:10)

목회서신

디모데전·후서와 디도서의 세 책을 "목회서신(牧會書信)"(Pastoral Epistles)이라 부른다. 이 세 서신들은 바울의 다른 서신들과 두 가지 점에서 차이가 있다.

(1) 이 서신들은 후반부에 기록된 것들로서 사역이 거의 끝나갈 무렵에 바울을 괴롭혔던 것들을 보여준다.

(2) 이 서신들은 교회 공동체에게 보낸 것이 아니라, 목회사역을 감당하고 있던 두 젊은이에게 보내진 것이었다. 물론 그렇다고 해서 이 서신들이 회중 앞에서 읽혀서는 안 된다는 것은 아니다. 이 서신들을 보면 이 서신들이 광범위하게 읽히기를 원했던 저자의 뜻을 알 수 있다. 이것은 이 서신들이 단지 목회상의 의무만을 다룬 것이 아님을 보여주는 것이다. 오히려 이 서신들 속에는 더욱 일반적인 관심들이 나타나있다. 그럼에도 불구하고 디모데전·후서와 디도서는 바울 서신 중에서 특징적인 것들이다. 이 서신들은 그 성격에 있어서 개인적이고, 실제적이며, 비체계적이다. 바울은 이 서신들 속에서 지금까지 별

로 언급하지 않았던 교회의 질서들에 대해 다루고 있다. 교회내의 조직의 필요성이 증가하고 있었고, 바울 자신의 영향력도 머지않아 사라지게 될 것도 알았으므로, 바울은 교회를 계속적으로 크게 유익하게 할 교회적이고, 목회적인 주제들을 다루게 되었다.

저　　자

　이 세 서신들은 그 서두에서 바울이 저자임을 명백히 밝히고 있다. 본서가 바울의 저작이라는 사실은 고대의 전승이나 목회서신의 인사말을 통해 볼 때 의심의 여지가 없다. 최근에 이르러 몇몇 비평학자들은 비 바울적인 용어와 문체에 근거하여 본서에 대한 바울의 저작권을 부인하고 있는데, 이들이 주장하는 근거는 빈약한 것으로 본서의 특징적인 면을 간과하고 있기 때문이다. 이러한 객관적인 명제적 진리들이 현대의 실존주의적인 진리관에 와서 심각한 갈등을 겪고 있다. 그러므로 비평가들이 이 진리를 바울에게서 떼어내서 2세기의 추종자들에게로 돌리고자 하는 것은 놀라운 일이 아니다. 그러나 그와 같이 하는 것은 진리에 대한 사도의 견해에 대해 근거 없는 선입견에 입각한 것이다. 오히려 더욱 합리적인 생각은, 목회서신의 신학 속에는 2세기의 연대를 적용할 근거가 없다는 것과, 이 서신들은 그의 충실한 대변인이었던 디모데와 디도에게 준 바울의 후기의 가르침이라고 하는 것이다.

기 록 연 대

본서의 기록 연대에 대해서는 여러 견해가 있다. 하지만
대체적으로 바울이 1차 로마 감옥생활을 마치고 계속해서
전도여행을 시작하면서 본서를 기록한 것으로 보고 있다.
따라서 바울이 로마 감옥에서 석방된 때를, 주후 62~63년
으로 본다면 바울은 62~67년 동안에 다소간 자유롭게 여
행하면서, 디모데는 에베소에, 디도는 그레데에 머물게 하
였으며, 그 결과로 그들에게 각기 서신을 보내게 된 것이
었다. 그러므로 디모데전서와 디도서의 기록 연대로 추정
할 수 있는 것은, 대략 주후 63~64년경이다. 그는 다시
체포되어 재차 투옥된 후에, 디모데에게 두 번째 서신을
보내었으니, 곧 디모데후서이다. 그러므로 바울의 최후의
서신인 디모데후서의 연대는 67년으로 추정할 수 있다.

수 신 인

1. 디모데

디모데는 헬라인이었던 아버지와 유대인이었던 어머니
사이에서 출생하였다.(행 16:1) 그의 아버지가 그리스도인
이었는지에 대해서는 아무런 언급도 없으나, 어머니 유니
게와 외할머니 로이스는 거짓 없는 신실한 믿음의 소유자
였다.(딤후 1:5) 바울이 제 1차 전도여행 중 루스드라를 방
문했을 때 디모데는 그곳에 살고 있었음이 분명하다.(행
14:6, 16:1 참조) 디모데가 바울로 말미암아 그리스도께로

인도함을 받았는지의 여부는 확실치 않다. 어쨌든 분명한 것은 그가 이미 구약성경을 알고 믿고 있었으며, 그의 어머니와 외할머니께 감사하는 마음을 가지고 있었다는 것이다.(딤후 3:15 참조) 또한 바울은 그를 약속의 자손으로 생각했다. 바울은 이 젊은이의 영적 아버지가 되었고, 그를 "믿음 안에서 참 아들"(딤전 1:2), "사랑하는 아들"(딤후 1:2; 빌 2:22 참조)이라고 불렀다.

디모데의 목회자적 자질은 일찍부터 인정되었다.(딤전 1:18, 4:14; 딤후 4:5) 그래서 바울은 그를 동역자로 삼았으며, 그는 바울의 가장 신뢰할 만한 동료가 되었다.(롬 16:21; 고전 16:10; 빌 2:19-22; 살전 3:2) 동시에 그는 바울의 충실한 대변인이자 메신저였다.(행 19:22; 고전 4:17; 고후 1:19; 빌 2:19; 살전 3:2, 6) 여섯 개의 바울 서신에서 디모데는 문안에 함께 등장하고 있다.(고후 1:1; 빌 1:1; 골 1:1; 살전 1:1; 살후 1:1; 몬 1:) (로마서 주석 1:1의 주해 중에서 "바울 서신의 서론"부분을 참조) 디모데는 바울에게 매우 사랑스런 존재였으므로, 바울은 디모데후서에서 감옥에 있는 자기 여생의 나머지 시간을 함께 지내줄 것을 디모데에게 감동적으로 요청하였다.(딤후 1:4, 4:9, 21) 로마의 최초의 투옥으로부터 풀려난 바울은 디모데를 동반하고 에베소를 포함한 아시아의 몇 교회를 재차 방문하였음이 틀림없다. 에베소를 떠나면서 바울은 디모데를 그곳에 남겨두어 교회를 지도하도록 하였다. 그 후 얼마 지

나서 바울은 디모데에게 한 통의 서신을 써 보냈는데, 이
것이 곧 디모데전서이며, 이 속에는 디모데에 대한 목회상
의 권면이 담겨있다. 디모데는 천성적으로 다소간 소극적
이고, 수줍음을 타고 쉽게 후퇴하는 성격을 가졌던 것 같
다.(딤후 1:7 참조) 그러므로 바울은 적극적으로 행동할 것
을 반복적으로 고취하였다.(딤전 1:3, 4:11; 5:7, 6:2; 딤후
3:14, 4:2, 5) 그는 자신의 연소함(딤전 4:12)을 비롯하여,
그 무엇이라도 의무를 수행함에 있어서 장애가 되도록 방
치해서는 안 되었다.(딤후 2:1-7, 4:5) 좋은 군사로서 그는
자신의 모든 은사들(딤전 4:14; 딤후 1:6)을 사용하여 복음
을 수호하고 증거 하는 **"선한 싸움을 싸워야"** 했던 것이
다.(딤전 1:18. 6:12)

2. 디 도

디도에 대해서는 디모데에 비해 알려진 바가 비교적 적
다. 디모데처럼 그도 바울에 의해 그리스도를 믿었거나, 혹
은 바울의 보호 아래 있는 사람이었으며(딛 1:4), 그가 언
제 어디서 그리스도를 믿게 되었는지에 대해서는 알려져
있지 않다. 그의 가족상황이나 출신 배경 등에 대해서도
알 수 없으며, 안다면 그가 이방인이었다는 사실뿐이다.(갈
2:3) 그러나 그가 바울의 신실한 동역자였음은 분명하다.
디도는 바울로부터 가장 어렵고 미묘한 과제들 중의 하나,
즉 문제가 발생한 고린도교회에서 바울을 대신하는 무거운

책임을 떠맡았다.(고후 2:13, 7:6-7, 13-15, 8:6, 16-17) 바울과 디도는, 바울이 1차 투옥으로부터 풀려난 후 그레데를 방문하였으며, 바울은 디도를 그곳에 남게 하여, 자신들 둘이서 시작했던 사역을 계속하게 하였다.(딛 1:5) 얼마 후 바울이 2차로 투옥되었을 때, 디도는 그레데를 떠나서 달마디아로 갔으며(딤후 4:10), 이것은 아마도 복음 증거의 목적 때문이었던 것으로 보인다.

디 모 데 전 서

경계의 목적은 청결한 마음과 선한 양심과
거짓이 없는 믿음으로 나는 사랑이거늘
사람들이 이에서 벗어나 헛된 말에 빠져
율법의 선생이 되려 하나
자기의 말하는 것이나 자기의 확증하는 것도
깨닫지 못하는도다

개   요

Ⅰ. 문안과 축복(1:1-2)

Ⅱ. 거짓 교사들에 관한 교훈(1:3-20)

　A. 거짓 교사들에 대한 경고(1:3-11)

　B. 바울의 은혜 체험(1:12-17)

　C. 디모데에 대한 바울의 권면(1:18-20)

Ⅲ. 교회 안에서의 행동에 관한 교훈(2:1-3:13)

　A. 기도에 관한 교훈(2:1-7)

　B. 남자들과 여자들에 관한 교훈(2:8-15)

　C. 장로들과 집사들에 관한 교훈(3:1-13)

Ⅳ. 교회 안에서의 진리 수호에 관한 교훈(3:14-4:16)

　A. 교회와 교회의 진리(3:14-16)

　B. 배도(背道)에 대한 예언(4:1-5)

　C. 그리스도의 선한 일꾼의 책임(4:6-16)

Ⅴ. 교회 안에서의 다양한 집단에 대한 교훈(5:1-6:10)

　A. 다양한 연령 계층에 대하여(5:1-2)

　B. 과부들에 대하여(5:3-16)

　C. 장로들에 대하여(5:17-25)

Ⅰ. 문안과 축복(1:1-2)

"1.우리 구주 하나님과 우리 소망이신 그리스도 예수의 명령을 따라 그리스도 예수의 사도된 바울은 2.믿음 안에서 참 아들 된 디모데에게 편지하노니 하나님 아버지와 그리스도 예수 우리 주께로부터 은혜와 긍휼과 평강이 네게 있을지어다."

1. 문안자 : 바울(1:1)

1. 명령을 따라 사도가 된 바울(고전 1:1; 고후 1:1; 엡 1:1; 골 1:1; 딤후 1:1)

여기에서 "명령" "에피타겐"(ἐπιταγήν)은 복종할 수밖에 없는 군왕의 명령을 가리킨다. ① 우리 구주 예수님의 명령이다. ② 우리의 소망이신 그리스도의 명령이다. 이것은 그의 대속으로 주신 하늘의 소망을 말씀하며, 예수 그리스도는 우리의 소망이시다.

2. 예수 그리스도의 사도 된 바울이다(1:1) "예수"는 '여호와는 구원'이란 뜻이며 '그리스도의 인성'을 가리키는 이름이다.(마 1:21) 그리스도는 히브리어 '메시아'에 해당되며, '기름부음을 받은 자'란 뜻이다. 구약에 왕, 제사장, 선지자에게 기름을 부어 하나님과 사람 사이의 중보자 되실

직책의 예표이다. 또는 이 이름은 신성을 뜻한다. "사도" "아포스톨로스"(ἀπόστολς)는 '보냄을 받은 자'란 뜻으로 성부로부터 성자를 보냈고, 성자는 12사도를 보내셨다.(요 20:21) 혹은 전권대사와 같다.

사도는 원래

① 세례요한 때부터 주님과 함께 한 자 중에서(행 1:21)

② 주님께서 친히 임명했으며(마 3:14)

③ 이적을 행하고(마 10:1)

④ 주님의 부활을 목격하고(행 1:22)

⑤ 이 범위에서 더 넓게 바울과 바나바(행 14:4-14), 야고보와 주의 형제(고전 15:7, 갈 1:19), 실루아노(살전 2:6) 등에게 사용되었다.

2. 수신자 : 디모데이다(1:2)

1) 믿음 안에서 사는 자이다(2上)…… 디모데가 바울의 아들이 되었다는 것은, 신앙 안에서 디모데가 바울의 영적 아들이라는 뜻이다.

2) 참 아들 된 디모데이다(2下)…… 바울이 디모데를 믿음 안에서 참 아들이라고 부르고 있는 것으로 볼 때, 그가 바울의 마음속에서 얼마나 특별한 위치를 차지하고 있었는가를 알 수 있다.(바울은 디모데전서에서 "피스티스"(πίστις) 즉 "믿음"이란 단어를 모두 19회 사용하고 있는

데, 이곳 2절에서 처음 등장하고 있다) 비록 디모데를 그리스도께로 인도한 것은 바울에 의한 일이 아닌 듯하지만 (딤후 1:5, 3:15), 바울은 디모데를 젊은 목회자로 세웠으며, (딤후 1:6)에서 그를 매우 신임하였다. 바울은 디모데에게 매우 진지한 문안으로써 은혜와 긍휼과 평강을 기원하였다.

Ⅱ. 거짓 교사들에 관한 교훈(1:3-20)

"3.내가 마게도냐로 갈 때에 너를 권하여 에베소에 머물라 한 것은 어떤 사람들을 명하여 다른 교훈을 가르치지 말며. 4.신화와 끝없는 족보에 착념치 말게 하려함이라 이런 것은 믿음 안에 있는 하나님의 경륜을 이룸보다 도리어 변론을 내는 것이라. 5.경계의 목적은 청결한 마음과 선한 양심과 거짓이 없는 믿음으로 나는 사랑이거늘. 6.사람들이 이에서 벗어나 헛된 말에 빠져. 7. 율법의 선생이 되려 하나 자기의 말하는 것이나 자기의 확증하는 것도 깨닫지 못하는도다. 8.그러나 사람이 율법을 법 있게 쓰면 율법은 선한 것인 줄 우리는 아노라. 9.알 것은 이것이니 법은 옳은 사람을 위하여 세운 것이 아니요 오직 불법한 자와 복종치 아니하는 자며 경건치 아니한 자와 죄인이며 거룩하지 아니한 자와 망령된 자며 아비를 치는 자와 어미를 치는 자며 살인하

는 자며. 10.음행하는 자며 남색하는 자며 사람을 탈취
하는 자며 거짓말 하는 자며 거짓 맹세하는 자와 기타
바른 교훈을 거스리는 자를 위함이니. 11.이 교훈은 내
게 맡기신바 복되신 하나님의 영광의 복음을 좇음이니
라.”(1:1-11)

A. 거짓 교사들에 대한 경고(1:3-11)

1:3절 3절에서 언급된 바울의 여행에 관해서는 명백하게
알 수가 없다. 바울은 마게도냐로 들어가기 위하여 에베소
를 떠났는가? 그는 에베소를 떠나기에 앞서서 디모데에게
가르침을 주었는가? 아마도 이것이 가장 훌륭한 가정일
것이다. 디모데는 에베소에 머물도록 재차 권함을 받았음
이 분명하며, 이것은 디모데에게는 아마도 바울과 동행하
고 싶은 심정으로, 에베소를 떠나가고자 하는 마음이 있었
음을 보여주는 것이다. 에베소에 남는 디모데의 과제는 바
울의 교훈과는 다른 거짓 교훈을, 교회 내에서 가르치고
있었던 어떤 사람들을 억누르는 것이었다.(1:11 참조) “다
른 교훈을 가르친다”함은 거짓 교훈이니 즉 정통 교훈과
배치되는 이단적 사상을 의미한다.(4:1-3; 딛 1:10-14)

1:4절 이 거짓 교사들은 그들의 “신화” “뮈도스”(μύθος)
는 “이야기, 옛말, 고담”이며, 본문의 “신화” “뮈도이스”

($\mu\acute{v}\Theta o\iota\varsigma$)는 복수 여격으로, 많은 옛날이야기들을 뜻하며, "족보" "게네아로기아"(ΥενεαλΥία)는 "혈통"을 의미하며 혈통적으로 내려오는 많은 이야기들을 의미한다. 유대인들은 족보를 중요시한다. 구약은 족보인데, 그리스도의 족보요, 아브라함의 족보이다. 유대인들은 아브라함의 자손인 것을 자랑한다. 그들은 족보를 조작하면서, 그칠 줄 모르는 헛된 연구를 했으며, 또 천사나 신의 족보까지 확대해서 연구를 했다고 한다.

1:5절 이러한 목적 없는 변론과는 달리 바울이 디모데를 교훈한 목적은 가장 순수한 형태의 사랑을 이루려는데 있었다. 이러한 사랑은 청결한 마음(딤후 2:22 참조)과 선한 양심과 "거짓 없는" "아뉘포크리투"($\dot{\alpha}\nu\nu\pi o\chi\rho\iota\tau o\nu$)(딤후 1:5) 믿음으로부터 오는 것이다. 이 아름다운 세 가지 요소들은 가장 훌륭한 이타적 사랑을 창출하게 되며, 이러한 사랑의 궁극적인 형태가 곧 하나님의 사랑이다. 거짓 교사들이 무가치한 호기심으로 사람들을 움직이는 반면, 바울의 가르침은 교회의 가르침의 순수성을 유지함으로써 가장 위대한 덕을 이루고자 하였다. 하나님의 진리는 언제나 인간의 영혼을 정화시키지만, 오류들은 영혼을 곪게 만드는 것이다.

1:6절 바울은 그러한 사랑이야말로 모든 그리스도인들의

사역의 목표가 되어야 한다고 믿었다.(고전 13:1-3) 그러나 슬프게도 에베소 교회의 거짓 교사들은 이 사실을 더 잘 알고 있었음에도 불구하고, 이 고귀(告歸)한 목적에 대한 전망을 상실하였으며 "목표를 상실함"의 뜻(딤전 6:21; 딤후 2:18 참조), 이에서 벗어나 "헛된 말" "케노포니아스"(κενοφωνίας)는 더럽고 추잡한 잡담이나 농담에 빠졌다. 그러므로 그들의 가르침은 무용(無用)하고 헛된 말장난들뿐이었다.

1:7절 거짓 교사들에게 더욱 문제가 되었던 것은, 흔히 그러하듯이 매우 이기적이었다는 것이다. 그들은 존경받는 율법의 선생이 되기를 원했다. 그러나 그들은 자신들의 원대로 될 가능성이 전혀 없었다. 자신들의 부적격함을 인정하고 조용히 하는 대신에, 그들은 자신들의 주제(율법)를 이해하지 못하여 심지어는 자기의 말하는 것이 무엇에 관한 것인지도 모르면서, 마치 커다란 권위나 있는 양 떠들어대고 있었다.

1:8절 바울 자신은 율법을 오해하지 않고 있음을 확신시키기를 원했다. 그는 율법을 비난하지 않았다. 그는 (롬 7:12)에 "율법은 거룩하고 의롭고 선한 것이며", (롬 7:7)에 "우리에게 죄를 깨닫게 하며", (갈 3:24)에 "회개하여 그리스도에게로 이르게 하며"라고 했다. 실상 율법은 인간

의 구원을 완성시킬 수는 없으나, 인간이 죄인이란 사실을
알려준다는 점에서 선한 직능이 있다. 이러므로 율법은 인
간을 구원으로 인도하는 몽학선생으로 묘사하고 있다.(갈
3:24)

1:9-10절 율법은 사람들에게 그들의 죄를 보여주기 위하
여 주어진 것이다. 그러므로 율법은 이미 자신의 죄를 인
정하고, 그리스도께로 돌아선 사람들에게는 해당되지 않는
다. 그러한 사람은 더 이상 율법 아래 있지 아니하며, 성령
안에 거하는 사람이다.(갈 5:13-26) 율법은 자기의 죄를 여
전히 깨닫지 못하는 사람들을 위한 것이다. 바울은 매우
충격적인 예를 열거하였는데, 이것들은 의도적으로 십계명
에 기초한 것으로 보인다.(출 20:3-17) <u>이 목록은 하나님
께 대한 반항에 관해서 다룬, 십계명의 두 번째 돌판에 관
련된 여섯 가지로 시작되고 있다.</u>
 (1) "불법 자"와 "복종치 아니하는 자"는 율법을 제정하
신 하나님을 무시하고자 하는 자이다.(롬 2:12; 고전 9:21)
 (2) "복종치 아니하는 자"는 하나님의 규칙 아래 자신을
복종시키기를 거부하여 질서를 어지럽게 하는 자들이다.
(고전 9:21; 살전 5:14) "경건치 아니한 자"와 "죄인" 이는
하나님의 법을 무시하고 자기 뜻과 소견대로 사는 사람들,
곧 "경건치 않은 자"요, ① "경건치 아니한 자" "아세베
시"(ἀσεβέσι)는 "믿지 않는 자"란 뜻인데, 이는 삶과 행위

에서 하나님을 무시하고 하나님의 뜻을 업신여기는 자이다. ② 또한 "죄인" "하마로 톨로이스"(ἁμαρ τωλοις)는 자신의 존재 목적을 깨닫지 못하고, 의식적으로 하나님께 영광 돌리는 것을 상실한 자를 가리킨다. 즉 전자는 하나님을 두려워하지 않는 자(벧후 2:6), 후자는 하나님을 거역하여 범죄한 자(고전 6:9-10)로, 두 가지는 (벧전 4:18; 유 1:15)에도 같이 나타나며, 1계와 2계를 범하는 자를 가리킨다.

(3) "거룩하지 아니한 자" "아노시오이스"(ανοσιοις)는 속되고 부도덕한 자로서 거룩하신 하나님의 영광을 손상시키고, 그분의 뜻을 받들지 않는 자를 의미한다.(벧전 1:15-16; 딤후 3:3) "망령된 자", "베베로이스"(βεβήλοις)는 거룩한 것을 범하는 사람이란 뜻이다. (딤전 4:7, 6:20; 딤후 2:16; 히12:16)에만 언급되는데, 이상 여섯 가지는 모두 하나님을 거역하는 성격을 띠고 있다.

그리고 바울은 십계명의 두 번째 돌판의 처음 다섯 가지 계명을 어기는 자들을 언급하였다. 아비를 치는 자와 어미를 치는 자이다. 신약에서는 이곳에만 기록되어 있는데 이는 아비를 죽이는 자, 어미를 죽이는 자로 5계명을 범하는 자이다.

살인하는 것은 생명의 주(主)이신 하나님께 정면으로 도전하는 행위라 할 수 있다.(요일 3:15) 형제를 미워하는 자를 살인자라고 성경은 말한다. 이는 6계명을 범한 것이다. "음행하는 자와 남색하는 자" 음행은 이성 간의, 남색은 남성 간의 성적 범죄행위이다. 이것은 7계명에서 벗어난 것으로, 이 속에는 모든 형태의 성적(性的) 범죄가 모두 포함되는 것으로 본다.

"사람을 탈취하는 자"는 8계명에 관련된 것인바, 유괴·납치는 최종적인 도적질이기 때문이다.(출 21:16; 신 24:7) "거짓말하는 자와 거짓 맹세하는 자"는 9계명을 어긴 것이다. 거짓말하는 자는 지옥에 갈 자라고 한다.(계 21:8, 22:15) 거짓말하는 자는 거짓 양심을 가진 자로서 비(非)진리를 말하는 자이고, 행동이 자신의 신앙고백과 일치하지 않는 자이다.(요일 2:4, 4:20) "거짓 맹세하는 자"는 자신의 권위나 체면 때문에, 이웃을 해하는 약속을 하거나 거짓 증거를 일삼는 자이다.(마 5:33; 약 5:12) 바울은 모든 악한 행동을 포괄(包括)하는 것을 언급함으로써 죄인들의 목록을 마무리 짓고 있으니, 그것은 기타 바른 교훈 - 문자적으로는 "건전한 교훈"(딤후 1:13) - 을 거스르는 자 이다. 바울이 거짓 교사들을 이 부류에 포함시키고 있음은 의심(疑心)의 여지가 없다. 여기서 "교훈"은 "디다스칼리아"(διδασχαλια)이며, 이 단어는 본 서신에서 7차례 사용되었다. 10절을 통해서 우리는 ① 바른 교훈(1:10; 딤후 4:3; 딛 1:7, 2:1), ② 바른말(6:3; 딤후 1:13), ③ 바른 믿음(딛 1:13, 2:2)을 가져야 한다.

1:11절 바울에게 있어서 무엇이 건전한 교훈인가를 평가하는 시금석은 예수 그리스도 안에 있는 하나님의 위대한 복음이다. 바울은 이 복음을 맡은 바 되었으며(살전 2:4; 딛 1:3), 이것을 에베소에서 충실하게 전파하였다.(행 20:17-27)

B. 바울의 은혜 체험(1:12-17)

"12.나를 능하게 하신 그리스도 예수 우리 주께 내가 감사함은 나를 충성되이 여겨 내게 직분을 맡기심이니. 13.내가 전에는 훼방자요 핍박자요 포행자이었으나 도리어 긍휼을 입은 것은 내가 믿지 아니할 때에 알지 못하고 행하였음이라. 14.우리 주의 은혜가 그리스도 예수 안에 있는 믿음과 사랑과 함께 넘치도록 풍성하였도다. 15.미쁘다 모든 사람이 받을 만한 이 말이여 그리스도 예수께서 죄인을 구원하시려고 세상에 임하셨다 하였도다. 죄인 중에 내가 괴수니라. 16.그러나 내가 긍휼을 입은 까닭은 예수 그리스도께서 내게 먼저 일절 오래 참으심을 보이사 후에 주를 믿어 영생 얻는 자들에게 본이 되게 하려 하심이시니라. 17.만세의 왕 곧 썩지 아니하고 보이지 아니하고 홀로 하나이신 하나님께 존귀와 영광이 세세토록 있어지이다 아멘." (1:12-17)

1:12절 ① "나를 능하게 여겨"란 "내가 맡은 일을 감당할

수 있도록 힘을 주신 우리 주 예수 그리스도께 감사합니다"란 뜻이다. (빌 4:13)에 "내게 능력 주시는 자 안에서 내가 모든 것을 할 수 있느니라"고 했다. 오늘도 하나님께서 우리에게 힘을 주셔서 우리의 맡은 바 직분을 감당케 하심에 감사해야 한다.

② "충성되이 여겨 주신 것을 감사함"이란 사실 충성스럽지 못한 자신을 충성스럽다고 인정하셨다는 것이다. "감사" "카린"(χάριν)은 바울의 감사는 하나님께서 당신의 은혜로써 바울에게 모든 능력을 주시고(빌 4:13), 그를 충성스럽게 여겨서 직분을 맡겨 주셨다는 사실에 있었다.

1:13절 이 사실이 바울에게 그토록 놀라웠던 이유는, 그가 자신의 과거의 모습을 잘 알기 때문이었다. 그가 "내가 전에는 훼방자요 핍박자요 포행자였다"고 고백 한 것은 결코 과장의 효과를 노린 말이 아니었다.(행 22:4-5; 19-20, 26:9-11)

"훼방" "브라스페미아"(βλασφημία)는 "비방, 중상, 모독, 명예훼손"이라는 말로, 하나님을 무시하고 모독(冒瀆)하는 것을 뜻하며, "포행자" "휘브리스테스"(ὑβριστής)는 오만하고, 거만하며, 난폭한 사람을 의미한다. 바울은 그의 행동이 알지 못한 데에서 비롯된 것이었으므로 긍휼을 입게 되었다. 고의적인 불순종은 하나님의 진노를 촉발한다.(민 15:22-31; 히 10:26) 그러나 하나님께서는 알지

못한 자와 잘못 인도함을 받은 자들에게는, 관용을 베푸신
다.(히 5:2) 바울의 불신앙에는 이러한 고의성이 없었던 것
이다.

1:14절 그러므로 바울은 하나님의 진노가 아니라 긍휼을
받게 된 것이었다. 하나님의 은혜는 비통한 죄까지도 지워
버리셨다. 한때 단지 불신앙이 있었던 곳에 하나님은 그리
스도 안에 있는 믿음을 쏟아 부으셨다. 하나님과 그의 백
성들에 대한 공격적인 반항이 있었던 곳에, 그리스도의 사
랑을 부으셨다.(딤후 2:10) 하나님께서는 바울에게 결핍되
었던 모든 것을 넘치게 하셨다. "풍성"이란 극히 풍성한
것을 가리킨다. (롬 5:20)에 "죄가 더한 곳에 은혜가 더
욱 넘쳤나니"를 연상케 한다.

1:15절 "미쁘다 이 말이여 그리스도 예수께서 죄인을
구원하시려고 세상에 임하셨다 하였도다 죄인 중에 내
가 괴수니라" "미쁘다" "피스토스 호 로고스"(πιστός ὁ
λόγος)란 말은 진실한 말이란 뜻이다. 즉 복음의 말씀은
참된 말씀인 것을 보여준다. "그리스도 예수께서 죄인을
구원하시려고 세상에 오셨도다." 이 말씀은 예수님은 구
원자이시며, 죄인을 구원하려고 오셨다는 것이다. 그런데
"죄인 중에 괴수니라"에서 "괴수" "프로토스"(πρῶτος)
는 "첫째"라는 말이며, "죄" "하말티아"(ἁμαρτία)는 "표적

을 맞추지 못함"(a failing to hit the mark)이니 "죄인의 괴수"라 함은 하나님의 목적에서 가장 멀리 떨어져 있는 사람이라는 뜻이다.

1:16절 사실 바울이 구원을 받도록 하신 목적은 죄인들을 구원하고자 하시는 하나님의 계획을 드러내기 위함이었다. 죄인 중의 괴수로서(고전 15:9; 엡 3:8) 바울은 극단적인 본이 되었다. 만약 하나님께서 바울을 구원하기까지 오래 참으시고 은혜를 베푸셨다면, 그 누구를 위해서도 오래 참으시고 은혜를 베푸실 것이다. 후대의 모든 사람들은 하나의 전형으로서 바울을 상기하게 될 것이다.
　"본" "휘포튀포시스"(ὑποτύπωσις)는 "모형, 견본, 모본, 표준"이라는 말로, 하나님이 보여주기 위하여 세우신 표본을 의미한다.

1:17절 "만세의 왕" "바아실레이 톤 아이오논"(βασιλεί τών αίώνων)이란 신약에서 이곳과 (계6:10)에만 보이나, 구약에는 자주 나타난다.(출 15:8; 삼상 13:13; 시 9:7, 28:10, 73:12, 144:13, 145:10) 즉 하나님은 영원히 살아 계셔서, 모든 세대를 지배하시는 왕이시라는 것이다. "썩지 아니하고" "아포달토"(ἀφθάρτῳ)란 "불사(不死), 불변성"의 뜻으로 한 말이다. 이는 성경 전체에 언급되는 하나님의 속성이다.(시 103:15-17; 롬 1:23) 하나님은 피조물과

달리 불변하시기에(시 45:6; 히 13:8) 신자의 영생에 대한 보증이 되신다.(요 1:18; 갈 1:15; 골 1:15; 히 11:27; 요일 4:12) 인간의 이해를 초월하여 계신 영이심을 말한다.(골 1:15, 6:16)

"보이지 아니하고" "아오라토"(ἀοράτῳ)란 하나님이 인간의 이해를 초월하여 계신 영이심을 말한다.(골 1:15, 6:16) 따라서 인간은 하나님을 볼 수 없으며, 다만 믿음을 통해서 가능하다.(히 11:27) 이는 하나님의 불가견성을 의미하는 것으로, 동시에 하나님은 불가해성을 지니신다. 하나님을 보았다 하는 자는 무엇에 미혹된 사람이다. 우리는 하나님을 보지 못하는 것에 만족(滿足)해야 한다.(요 5:44, 17:3; 롬 16:27; 유 1:4, 25) "홀로 하나이신" "모노"(μόνῳ)는 유일성이신 하나님은 한 분이시므로, 그를 향한 우리의 경건도 단일성을 가져야 한다. 하나님이 다른 신들과 비교할 수 없는 유일하시고, 초월적인 신으로서, 우리의 유일한 경배의 대상이 되심을 강조한다.(요 17:3; 엡 4:6)

C. 디모데에 대한 바울의 권면(1:18-20)

"18.아들 디모데야 내가 네게 이 경계로써 명하노니 전에 너를 지도한 예언을 따라 그것으로 선한 싸움을 싸우며. 19.믿음과 착한 양심을 가지라 어떤 이들이 이 양심을 버렸고 그 믿음에 관하여는 파선하였느니라. 20.그

가운데 후메내오와 알렉산더가 있으니 내가 사단에게
내어준 것은 저희로 징계를 받아 훼방하지 말게 하려
함이니라.” (1:18-20)

1:18절 잠시 동안 자신의 개인적인 문제를 다룬 바울은
(12-17절), 3절에서 언급했던 특별한 문제를 에베소의 디모
데에게 다시 제시하였다. “내가 네게 이 경계로써 네게 명
하노니”에서 “경계” “파랑겔리안”(παραγγελιαν)은 “교훈,
지시, 명령”을 의미한다. 이 경계는 3절에 있는 거짓 교사와
이단을 막으라는 경계라고 본다. 그러한 가르침은 디모데의
소명과 에베소에서의 사역에 관한 앞서의 예언과 조화되는
것이다. 이 예언들이 언제 누구에 의하여 이루어졌는가에
대해서는 단지 추측이 가능할 뿐이다. 그 예언들은 디모데
야말로 에베소교회의 오류와 대항해서 싸우는 데 적합한
군인이라는 바울의 확신을 강화시켰을 것이다. (딤전 6:12;
딤후 4:7)에서 사용된 비유는 그 내용상 운동경기의 비유
이다. 디모데는 이 예언들을 기억하고 그것을 통해서 새 힘
을 얻어 선한 싸움을 싸울 필요가 있었다.

1:19절 바울은 (엡6:10-17)에서 영적 전쟁을 위하여 그리
스도인들이 갖추어야할 준비에 관하여 자세히 언급한 반
면, 이곳에서는 단지 믿음과 착한 양심에 대해서만 언급하
였다. 이 두 가지 요소는 항상 함께 수반되는 것이다.(딤

전 1:5, 3:9)

둘 가운데 어느 하나가 강하면 언제나 다른 한 가지도 강해진다. 그러므로 어느 한 가지에 대해서 실패한다면, 이것은 곧 다른 한 가지의 실패에 영향을 미친다. "착한 양심을" "아가덴 쉬네이데신"(ἀγαθὴν συνίδησιν)은 내적인 가치 곧 도덕적인 가치에 있어서 완전하고 선하며, 친절을 베풀며 유익을 주는 양심을 의미한다. 그러므로 여기서 "착한 양심"(a good conscience)은 복음적인 양심을 의미한다. 율법을 세우며 율법의 의를 주장하는 자의 양심은, 율법에서 온 것이므로 이기주의적이며 악한 것이다. 그러나 복음적인 양심은 사랑과 은혜를 통하여 모든 사람들에게 구원의 은총을 전달하며, 하나님께나 사람들에게 친절과 유익을 준다. "선한 양심을 버린" "아포데오" (ἀπωθέω)는 매우 강하게 배척함(행 7:27; 롬 11:1-2)이다. 사람들은 그 결과로 그들의 믿음이 파선된 것을 알게 될 것이다.(딤전 4:1, 6:10) 신학적인 오류는 흔히 도덕적 실패를 가져오는 것이다.

1:20절 후메내오(딤후 2:17)와 알렉산더는 에베소교회 내에서 바로 이러한 부류에 속하는 사람들이었다. 여기서 언급된 알렉산더가 (행19:33; 딤후 4:14)의 인물과 동일인인지의 여부는 확실하지 않다. "후메내오"는 (딤후2:17-18)에 의하면 이단 교사로 언급되어 있는데, 그는 부활에 관해서

이미 지나갔다고 주장하며 사람들을 혼란에 빠뜨렸다. 바울은 이 두 사람을 사단에게 내어주었다고 하였는바, 이것은 교회의 공동체로부터 추방되어(고전 5:1-5) 사단이 지배하는 곳으로 버려진 것을 말한다.(고후 4:4) 바울은 성도들에게 있어서 교회공동체는 항구와 성채 같아서, 이것을 떠난다면 성도들은 말할 수 없는 고통을 당한다고 보았다. 그러므로 교회 공동체로부터 추방하는 것은 이 두 사람을 징벌하기 위함이었다. 그러나 바울의 동기는 형벌에 있었던 것이 아니라 치유에 있었다.(고후 2:5-8; 살후 3:14-15)

III. 교회 안에서의 행동에 관한 교훈(2:1-3:13)

A. 기도에 관한 교훈(2:1-7)

"1.그러므로 내가 첫째로 권하노니 모든 사람을 위하여 간구와 기도와 도고와 감사를 하되. 2.임금들과 높은 지위에 있는 모든 사람을 위하여 하라 이는 우리가 모든 경건과 단정한 중에 고요하고 평안한 생활을 하려 함이니라. 3.이것이 우리 구주 하나님 앞에 선하고 받으실 만한 것이니. 4.하나님은 모든 사람이 구원을 받으며 진리를 아는 데 이르기를 원하시느니라. 5.하나님은 한 분이시오 또 하나님과 사람 사이에 중보도 한 분이시니 곧 사람이신 그리스도 예수라. 6.그가 모든 사람을 위하여 자기를 속전으로 주셨으니 기약이 이르면 증거할 것이라. 7.이를 위하여 내가 전파하는 자와 사도로 세움을 입은 것은 참말이요 거짓말이 아니니 믿음과 진리 안에서 내가 이방인의 스승이 되었노라.”(2:1-7)

2:1절 지금까지 거짓 교사들에 대해서 언급한 바울은 여기서부터는, 일반적으로 교회의 행위에 관련된 문제들을 다루었다.(딤전 3:14-15) 바울은 가장 중요하다고 생각하는 기도에 관해서 먼저 다루었다. 교회 안에서 가장 먼저 다루어져야 할 것들이, 그 우선순위에 있어서 마지막에 오는 경우가 너무 자주 있다.

간구, 기도 및 도고에 대해 그 차이점을 지나치게 강조해서는 안 된다. 이 용어들은 서로 강조해주는 위치에 있다. 그러나 한 가지 명심해야 할 사실은 감사가 교회의 기도 생활에 있어서 으뜸이 되어야 한다는 것이다.

2:2절 에베소 교회는 “모든 사람들”을 위하여 기도하되 특별히 세속 정부의 지도자들을 위하여 기도해야 했다. 바울은 여기서 기도의 내용을 구체적으로 가르치지는 않고 있지만, 모든 사람들을 위하여 기도하되 특히 지배자들을 위해 기도하라고 했다.

① 모든 사람을 위하여 간구할 것······ **“위하여” “휘펠”**($\dot{\upsilon}\pi\grave{\varepsilon}\rho$)은 “위하여, 대신에, 때문에, 관해서, 대해서”라

는 말로, 신앙은 모든 사람에게 관해서, 모든 사람 때문에, 모든 사람을 위해서 사는 것을 본다. 여기에서 "간구" "데에시스"(δέησις)는 일정한 요구를 하나님께 간청(懇請)하는 것을 의미한다. 여기에 해당하는 말들은, 영어성경에 "애원, 간청"(supplications)으로, 그리고 "소원, 부탁, 요구, 간청"(requests)으로 표시했다. 이것은 다른 사람들의 일정한 요구를 자기의 것처럼 간절히 애원(哀願)하고 간청하는 것이다. 그러므로 모든 사람을 위해서 기도하라는 것을, 모든 사람이 하나님을 가까이 접근하도록 기도하며, 하나님 의 뜻을 따르도록 하나님의 뜻을 위해 기도하라는 것이다.

② 모든 사람을 위해 도고할 것…… "도고" "엔튜크씨스"(ἔντευξις)는 "중재의 기도"(intercessions)를 의미한다. 이 기도는 특별히 모든 사람이 죄를 사함 받도록 그리스도의 이름으로 기도하여 주는 것을 의미한다.(눅 23:34)

③ 모든 사람을 위하여 감사할 것…… "감사" "유카리스티아"(εὐχαριστία)는 "감사한 마음, 좋은 매력, 좋은 선물"이라는 의미이다. 참으로 감사야말로 하나님의 은혜를 입을 수 있도록 해주는 매력적인 덕목이 아닐 수 없다. 모든 사람을 위한 간구와 기도와 도고와 감사가 성령에 의해서만 될 수 있음을 의미하는 말이다.

"경건" "유세베이아"(εὐσέβεια)는 "좋은 예배"라는 뜻이며, "단정함" "셈노테스"(σεμνότης)는 "고결함, 숭고함,

위덕, 진심, 성실, 거룩함"이라는 뜻이며, "고요함" "에 레모스"(ἤρεμος)는 밖으로부터 일어나는 평안과 쉼을 의미한다.

이와 같이 나라의 높은 위정자(爲政者)들을 위해서 기도해야할 근본 이유가 있다면 우리가 믿음과 예배와 고상한 중에 마음의 고요와 밖으로부터 오는 고요를 누리기 위함인 것이다.

2:3절 현대에도 그러한 사람이 있지만, 에베소 교회의 몇몇 사람들은 모든 사람들의 구원을 위한 기도의 타당성에 대해 의문을 가지고 있었다. 그러므로 바울은 그러한 기도는 우리 주 하나님 앞에 선하고 받으실 만한 것임을 지적함으로써 자신의 가르침을 옹호하였다.(1:1절)

2:4절 이기도가 하나님께 용납될 수 있는 이유는 그것이 "하나님의 뜻에 맞는" 기도이기 때문이다.(요일 5:14; 딤전 2:1, 3, 6) 모든 인류가 진리이신 예수 그리스도와의 인격적인 관계를 통하여 진리를 알게 되기를 원하신다.(요 14:6) (물론 모든 사람이 구원에 이르는 것은 아니다. 바울이 보편주의(普遍主義)를 주장한 것이 아니라 선택자 모두를 의미하는 것이다.)

2:5-6절 자신의 주장을 보강하기 위해서, 바울은 하나님

과 그리스도 안에 나타난 하나님의 사역에 관한 가르침을
인용하였는데, 이 가르침은 널리 인정된 것이었다. 5-6절
은 제1세기에 익숙했던 고백의 단편들을 보여준다. 어쨌든
바울은 이의심의 여지가 없는 복음의 진리들을 인용했던
것이다. (1) 하나님은 한 분이시요, (2) 사람이 하나님께
이르는 방법은 오직 한 가지밖에 없으니, 즉 본래 하나님
이시지만 육체를 입어 사람이 되신 그리스도 예수를 통
해서 가는 것이다. (3) 이 예수께서는 인류를 위하여 "속
전으로" "안티뤼티론"(αντιλυτρον)은 "뤼트론"(λὐτρον)
노예나 죄수를 위한 "속전"(마 20:28; 막 10:45), 십자가위
에서 죽기까지 자기를 주셨다.(마 10:45) 이 행위는 모든
사람을 구하고자 하시는 하나님의(딛 1:3) 정한 기약이 이르
렀을 때 주어진 분명한 증거이다.(갈 4:4-5; 히 1:1-2)

2:7절 에베소교회의 배타주의자들은 복음이, 오직 유대인
들만을 위해서 주어졌다고 생각하고 있었음이 분명하다.
이것은 베드로의 경우에서 보이는 바대로 일반적인 문제
였다.(행 10:9-43; 갈 2:11-13) 그러므로 바울은 자신을 연
결 도구처럼 생각하여, 자신의 사명을 이방인을 위한 전파
자와 사도라고 묘사하였다. 바울은 유대인들이 백안시했던
대부분의 인류에게, 복음을 전하도록 전파하는 자로 세움
을 입었다. 그러므로 바울이 에베소인들에게 상기시킨 바
와 같이 하나님께서는 모든 사람들이 구원받기를 원하시

는 것이다.

① 바울은 진리에 대한 자신의 확신을 강조하기 위하여, 독특한 표현 양식을 사용하였다.(롬 9:1; 고후 11:31; 갈 1:20) 이는 바울이 복음 증거 때문에 하나님의 부르심을 받은 것은 참말이요, 거짓말이 아닌 것을 맹세와 같은 말을 한 것이다.

② "믿음과 진리 안에서"란 사도가 복음을 위하여 사역할 때에 신앙양심을 가지고 하나님의 말씀을 전파하였다는 것이다.

③ "이방인의 스승"이란 말을 이방인들에게 하나님의 진리를 가르치는 선생이 된 것을 가리킨다. "스승" "디다스칼로스"(διδάσκαλος)는 "선생"으로 복음을 전하는 사도를 의미하며, "믿음 안에서" "엔 피스테이"(έν πίστει)는 믿음을 통해서 그리고 복음을 전하기 위하여 이방인의 사도가 된 것을 의미한다.

B. 남자들과 여자들에 관한 교훈(딤전 2:8-15)

"8.그러므로 각처에서 남자들이 분노와 다툼이 없이 거룩한 손을 들어 기도하기를 원하노라. 9.또한 이와 같이 여자들도 아담한 옷을 입으며 염치와 정절로 자기를 단장하고 땋은 머리와 금이나 진주나 값진 옷으로 하지 말고. 10.오직 선행으로 하기를 원하라 이것이 하나님을 공경한다 하는 자들에게 마땅한 것이니라. 11.여자는 일절 순종함으로 종용히 배우라. 12.여자의 가르치는 것과 남자를 주관하는 것을 허락지 아니하노니 오직 종용할지니라. 13.이는 아담이 먼저 지음을 받고 이와가 그 후며. 14.아담이 꾀임을 보지 아니하고 여자가 꾀임을 보아 죄에 빠졌음이니라. 15.그러나 여자들이 만일 정절로써 믿음과 사랑과 거룩함에 거하면 그 해산함으로 구원을 얻으리라.”(2 : 8-15)

2:8절 바울이 백성들과 그 지도자들 중에 광범위한 영적 각성이 일어나도록 모든 그리스도인들이 기도하기를 원했음은 분명한 사실이다. 그러나 그는 공식적인 모임에서는 각처에서 “남자들이” “안드라스”(ἄνδρας) 회중의 기도를 지도해 가도록 하였다. 게다가 이러한 기도를 드릴 때에는 손을 들어 기도하도록 하였다. 손을 들고 기도하는 것은 구약의 일반적인 관행이다.(왕상 8:22; 대하 6:13; 스 9:5; 시 28:2, 141:2; 애 2:19) 또한 1세기의 이방 신비종교들과 초대교회에서도 손을 들고 기도하는 것이 보통이었다. 로마 카타콤에 그려진 벽화에서도 이러한 모습을 발견할 수 있다. 이 손은 “거룩해야하며” “호시우스”(ὄσιους)는 “경건한, 불결하지 않은”이란 뜻이다. 이것은 영적 지도자의 내적 청결을 의미하는 것이다. 또한 이러한 지도자들은 “분노” “오르게스”(ὀργῆς)는 “감정의 통제가 깨어진”이

며, "다툼" "디아로기스모스"(διαλοΥισμός)를 버리고 건전한 인간관계를 가져야만 한다. 인간관계가 깨어질 때, 그것은 다른 사람의 기도를 지도하는 것을 포함한, 모든 기도의 능력에 결정적인 악영향을 미치는 것이다.(마 5:22-24, 6:12; 벧전 3:7)

2:9절 이제 바울은 교회 내의 여자들에 대하여 언급한다. 여자들은 자신을 꾸밈에 있어서 외적 장식보다는 내적 장식에 치중해야 한다. 그들은 아담한 옷을 입으며 염치(廉恥)와 정절(貞節)로 단장해야 한다.(딤전 2:15) **"아담한"** **"코스메인"**(κοσμείν)은 "적당한, 규모 있게, 정비한다, 꾸민다, 아름답게 한다, 매력 있게 한다"를 의미 하는데, 사치하지 않고, 겸손한 차림인 것이다. 옷을 사치하게 입으면 교만하기 쉽고 방탕하기 쉽다. 그리고 분수에 지나치게 입어 남의 이목을 끄는 것은 여자의 악덕인 것이다. 또한 옷 자체의 단정보다 복장이나 "태도의 단정 함"이란 의미를 갖고 있다. **"염치"** **"아이두스"**(αἰδούς)는 본래 예절이 고상함을 의미하는데, 이는 여자다운 조건에서 벗어나지 않는 현숙함이다.

"정절" **"소프로쉬네"**(σωφροσύνη)는 "건전한 마음(mental soundness), 절제(moderation), 자제(self-control)"를 의미하는바 건전한 마음과 정신으로 자신을 절제하며 다스리는 것을 뜻한다. 바울이 구체적으로 언급한 것들(땋은 머리와 금이나 진주나 값진 옷)은, 그 자체로서는 나쁜 것이 아니지만, 이것들이 잘못된 가치를 위하여 사용된다면 부적당한 것이 되고 만다.(벧전 3:3)

2:10절 세상의 기준에 따라 외부적인 아름다움을 나타내고자 하는 노력 대신에 그리스도인 여성들은 다른 가치들을 드러내야한다. 선한 행실이 여자의 최고의 장식이니(벧전 3:3-4; 잠 31:10-31)에는, 상세히 기록하고 있다. 이것이 하나님을 공경한다는 자들에게 마땅한 것이다.

2:11-14절 일절 순종하며 종용히 배워야한다. "종용함" "헤쉬키아"(ἡσύχια)는 안에서부터 일어나는 마음의 고요한 평화를 의미하며, "배우라" "만다네토"(μανθανέτω)는 "습득하라, 닮아라"라는 의미이다. 또 남자들과 동등한 입장에 서지 않는 것이다. 이것은 또한 부녀의 삼덕을 말하였으니 곧 순종, 종용, 배움이다. 즉 부녀는
① 주장할 자가 아니고 순종할 자며(12절), ② 소동할 자가 아니고 조용할 자이며, ③ 남자를 가르칠 자가 아니고 배울 자이다.(고전 14:31-36)

<일절 순종하며 배워야할 이유>
① 창조의 선후관계에서 그러하다.(13절) "이는 아담이 먼저 지음을 받고 이와가 그 후며" ② 하나님 앞에서의

실수가 남자보다 앞서니 그러하다.(14절) "아담이 꾀임을 보지 아니하고, 여자(女子)가 꾀임을 보아 빠졌음이니라"(창 3:1-6)고 하였다. 그러므로 "여자"라는 말의 "잇샤"(אִשָּׁה)는 "남자"의 "이쉬"(אִישׁ)에서 왔으며, 아담이 먼저 죄를 범하지 않고 여자가 먼저 꾐을 받아 죄를 범하였기 때문이다. 그러나 남자보다 신앙적으로, 인격적으로 훌륭한 여성들이 많음을 부인할 수 없으니 참으로 하나님께 감사하지 않을 수 없다.

2:15절 정절로써 구원을 얻어야한다…… ① 믿음과, ② 사랑과, ③ 거룩함에 거하며 그 해산함으로 구원을 얻으리라 하였다. "해산함으로" "디아 테스 테크노고니아스"(διὰ τῆς τεκνογονίας)는 "아기 낳는 것을 통하여"이며, 이는 여성들이 믿음 안에 머물러 있으면서, 믿음의 아들들을 낳는 생활을 통해서 여자로서의 만족과 행복을 얻는다는 뜻이다. "거한다" "메노"(μένω)는 "머문다, 남아있다, 산다"는 뜻이며, 고로 사랑에 거한다 함은 사랑 안에서 머물러 사는 것을 의미(意味)한다. "정절로써" "메타 소프로쉬네스"(μετὰ σωφροσύνης)는 "건전한 마음과 함께, 절제로써, 자제로써, 단정함으로"라는 뜻이며, "거룩함" "하기아스모스"(ἁγιασμός)는 "거룩, 봉헌, 성화"라는 말로 "거룩함에 거한다"는 말은 하나님 앞에 자기를 제물로 바치는 전적인 봉사와 희생을 의미한다.

C. 장로들과 집사들에 관한 교훈(딤전 3:1-13)

1. 모범 장로(감독)(딤전 3:1-7)

"1.미쁘다 이 말이여, 사람이 감독의 직분을 얻으려하면 선한 일을 사모한다 함이로다. 2.그러므로 감독은 책망할 것이 없으며 한 아내의 남편이 되며 절제하며 근신하며 아담하며 나그네를 대접하며 가르치기를 잘하며. 3.술을 즐기지 아니하며 구타하지 아니하며 오직 관용하며 다투지 아니하며 돈을 사랑치 아니하며. 4.자기 집을 잘 다스려 자녀들로 모든 단정함으로 복종케 하는 자라야 할지며. 5.사람이 자기 집을 다스릴 줄 알지 못하면 어찌 하나님의 교회를 돌아보리요. 6.새로 입교한 자도 말지니 교만하여져서 마귀를 정죄하는 그 정죄에 빠질까 함이요. 7.또한 외인에게서도 선한 증거를 얻은 자라야 할지니 비방과 마귀의 올무에 빠질까 염려하라."(3:1-7)

오늘 본문은 교회에서 모범장로가 되기 위해 알아야할 말씀이다. 교회에서 직분선택을 앞두고 우리 직분 자가 가질 자세이다.

1) 장로(감독)의 기원…… 구약율법시대에 교회를 관리

하는 24장로가 있었음과 같이 신약시대도 목사 외에 교회에 행정을 하는 자를 선정하였으니, 곧 치리장로이다. 그리고 장로는 두 종류가 있는데, ① 설교, 치리, 성례를 겸하는 자를 목사라 하고, ② 치리만 하는 자를 장로라 한다. ③ 목사는 교회의 대표요, 장로는 교인의 대표인 것이다.

2) 장로의 자격…… 30세 이상 입교인으로 무흠하게 5년을 경과한, 식견과 통솔력이 있으며, (딤전 3:1-7)에 해당한 자이다.

1절에 보면 "미쁘다 이 말이여, 사람의 감독의 직분을 얻으려하면 선한 일을 사모한다 함이로다." 여기서 "감독" "에피스코포스"(ἐπίσκοπος)는 동사 "에피스코페오"(ἐπισκοπέω)의 "주목한다(to look at), 감독(監督)한다(to oversee), 돌본다(to care for)"는 말에서 왔으며, "선한 일" "칼루 엘구"(καλού ἔργου)는 (2절) "그러므로"부터 나오는 모든 일들을 뜻하며, 신약에 9회 ① (눅 19:44), ② (행 1:20), ③ (딤전 3:1), ④ (벧전 2:12), ⑤ (행 20:28), ⑥ (빌 1:1), ⑦ (딤전 3:1), ⑧ (딛 1:7), ⑨ (벧전 2:25) 언급되어있다. 거기에 앞서 그 모든 것을 행하려면 근본적으로 "선한 일을" 사모하는 성품이 필요하다는 의미이다.

즉 교우들을 돌보는 직분이다. 또 봉사하며 섬기는 자의 위치인 것이다.(행 20:17-28; 딛 1:6-7) 이렇게 감독은 봉사하는 직이니 목사, 장로, 집사, 권사, 모두 다 해당된다.

장로만이 아니고, 직분 자는 이와 같아야 한다.

 (1) 그러면 품성적으로……① 선한 일을 사모해야 한다.(딤전 3:1) "사모한다" "에피뒤메오"(ἐπιθυμίω)는 "바란다(to desire), 동경한다(to long for), 열렬히 원한다"는 의미이다. ② (2절)에 "책망할 것이 없으며" "아네피렘프톤"(ἀνεπίλημπτον)은 신약성경에서 오직 이 서신에서만 사용되었다.(딤전 3:2, 5:7, 6:14) 이 단어는 행위에 있어서 다른 사람이 책잡거나, 고소(告訴)할 여지가 전혀 없는 것을 말한다. ③ 절제하는 자(2절) "절제" "네팔리오스"(νη-φάλιος)는 동사 "네포"(νήπω) "술 취하지 않는다, 정신 차리고 있다, 자제한다"는 말에서 왔으며, ④ 근신하는 자 "근신" "소프로쉬네"(σωφροσύνη)는 동사 "소프로네오" (σωφρονέω) "똑똑한 정신을 가진다, 정신을 차린다, 건전한 마음을 가진다, 이성이 있다, 지각이 있다, 침착하다, 진실하다"는 말에서 온 명사이다. ⑤ 아담하며(2절) "아담" "코스모스"(κόσμος)는 "장식, 단장, 치장, 세상, 적당함, 수수함, 아름다움"이라는 뜻이다. 그러므로 본문의 "아담하다"는 것은 모든 생활면에서 검소하고 신앙적인 아름다움을 뜻한다. ⑥ 가르치기를 잘하며(2절) "가르치기를 잘하며" "디닥티코스"(διδακτικός)는 "가르치기에 익숙한" 상태, 곧 많이 가르쳐서 완전히 습관적으로 익숙한 것을 의미한다. 지도력이 있어야한다. ⑦ (3절)에 "술을 즐

기지 아니하며" "메 파로이논"(μὴ πάροινον)은 "술 취하지 않으며, 술에 미치지 아니하며"라는 뜻이다. 술은 마시면 취하게 되며, 뿐만 아니라 쾌락(快樂)과 정욕(情慾)에 떨어지게 마련이다. (잠 23:31)에 "포도주는 붉고 잔에서 번쩍이며 순하게 내려가나니 너는 그것을 보지도 말지어다"라고 했다.

⑧ 구타하지 않는 자(3절) "구타하지 아니하며" "메 프레크텐"(μὴ πλήκτην)은 "싸움을 좋아하는 사람이 되지 말며, 싸움꾼이 되지 말며"라는 의미이다. 이것은 싸움하는 데 익숙하고, 숙달된 사람이 되지 말라는 의미이니, 말로 싸우는 것과 손으로 때리는 것을 의미한다. 그래서 바울은 감독은 "오직 관용하며"라고 강조한 것을 본다. 누구든지, 또 어떠한 죄와 허물도 용서할 수 있는, 바다같이 넓고, 은혜로운 마음을 가질 것이다.

⑨ 다투지 않는 자(3절) 이해문제가 언쟁을 일으킨다.(딤전 6:4)

⑩ 관용하는 자(3절) "관용" "에피에이케이아"(ἐπιείκεια)는 "너그러움, 온화(clemency), 은혜로움(graciousness), 참는 정신을 의미한다. 이는 포괄적이고 부드러운 것을 가리키는 것으로 너그러운 마음이다.

(2) 가정적으로…… 성품이 훌륭할 뿐 아니라 가정적으로 이상이 없어야한다. 지도자란 자신만이 아니고, 가정이 훌

륭해야 본이 된다.

① 한 아내의 남편 된 자(2절) "한 아내의 남편" "미아스 귀나이코스 안드라"(μιάς Υυναικὸς ἄνδρα)는 "한 여자에게 속한 남자"라는 말로, 한 아내에게만 소유된 남편을 의미한다. 그것은 하나님의 창조질서이기 때문이다.(창 2:24)

② 자기(自己) 집을 잘 다스리는 자(4 上반절) "다스리다" "프로이스테미"(προίστημι)는 "앞장선다, 다스린다, 지휘한다, 관리한다, 관심을 가진다, 근심한다, 돌본다, 도움을 준다, 종사한다."는 여러 가지의 뜻을 가진 말이다. 자기 집을 다스리지 못하는 자가, 다른 많은 하나님의 교회를 다스릴 수는 없는 것이다.

③ 자녀들도 단정하며 복종(服從)해야 한다(4절 下반절)

"단정함" "셈노테토스"(σεμνότητος)는 "위덕, 위엄, 진심, 고상함, 성실, 거룩함"이라는 뜻인데 이 말은 "세보마이"(σεβομαι) "경배한다, 예배한다, 공경한다"는 말에서 온 말이며, "복종케 하는" "에콘타 엔 휘포타게"(ἔχοντα ἐν ὑποταΥῆ)는 계속하여 순종과 복종함에 머물러 있는 것을 의미한다.

(3) 물질적으로(경제)…… ① 나그네를 잘 대접해야한다.(2 下반절) 지도자가 되려면 교회와 나그네를 잘 대접할 줄 알아야한다. "나그네를 대접하며" "필로크세노스"(φιλόξονος)는 "사랑하는" "필로스"(φίλος)와 "낯선"

"크세노스"(ξένος)와 "관대, 대접, 객실"이라는 "크세니아"(ξενία)와의 합성어로, 지나가는 나그네를 관대하게 대접하는 것을 의미한다.

② 돈을 사랑치 아니해야 한다.(3 中반절) (딤후 3:1-2)에 말세에는 사람들이 자기를 사랑하며, 돈을 사랑한다고 했다. 돈에 인색한 자는 자격이 없다.

③ 더러운 이를 탐해서는 안 된다.(벧전 5:2) 부정한 방법으로 돈을 벌어서는 안 된다.(술, 담배, 고리대금, 사기 등)

(4) 선택에 주의⋯⋯ ① 믿음의 역사가 있어야 한다.(6절) 새로 입교한 자도 말며, 믿음의 경륜이 있는 자를 선택해야 한다. "새로 입교한 자" "네오퓌톤"(νεόφυτον)이 감독이 되어서는 안 된다. 이것은 그가 교만과 자긍에 빠져 마귀가 그의 교만으로 인하여 믿음의 선배를 무시함으로 시험에 들 수가 있다.

② 외인에게 증거를 받아야 한다.(딤전 3:7; 골 4:5; 살전 4:12) "외인에게서도" "아포 톤 엑소덴"(ἀπὸ τῶν ἔξωθεν)은 "밖의 사람들로부터"이며, 이는 믿지 않는 불신자(不信者)들을 의미하며, "선한 증거를" "카이 말튀리안 칼렌"(καὶ μαρτυρίαν καλὴν) "선한 증거까지"라는 의미이며, 이는 윤리적이며 인격적인 면에서의 칭찬을 뜻하고, "할지니" "데이"(δεί)는 "반드시"(must)라는 말로, 감독의 직분을 얻으려는 자나 이미 얻은 자들은 사회적으로 좋은

평판을 받아야 함을 의미한다.

3) 장로의 직무(벧전 5:1-3; 딤전 3:1-7)

교회정치에 치리장로의 직무에 보면 교인들 중에서 선정되어 대표가 되었으니.

① 교회의 행정과 치리 및 권징

㉠ 목사와 협동, 행정과 권징을 관리하며

㉡ 자신이 치리 받을 일, 권징 받을 일을 하지 않아야 한다.

㉢ 범사에 본을 보여야 한다.(벧전 5:1-3)

② 신령상 형편을 살핀다.

㉠ 자신이 신령한 생활을 힘써야 한다.(말씀 연구, 기도, 예배 출석, 성경 공부, 봉사, 헌금 등)

㉡ 주님 앞에 부끄러움이 없어야 한다.

㉢ 항상 자신의 지도력을 계발해야 한다.

㉣ 교인들을 심방하되 병자와 조상자(弔喪者)를 위로하고 결과를 당회장에게 보고해야 한다.

2. 집사의 자격 - 권사 자격도 포함(딤전 3:8-13)

"8.이와 같이 집사들도 단정하고 일구이언(一口二言)을 하지 아니하고 술에 인박히지 아니하고 더러운 이를 탐하지 아니하고. 9.깨끗한 양심에 믿음의 비밀을 가진 자라야 할지니. 10.이에 이 사람들을 먼저 시험하여보고 그 후에 책망할 것이 없으면 집사의 직분을 하게 할 것이요. 11.여자들도 이와 같이 단정하고 참소하지 말며 절제하며 모든 일에 충성된 자라야 할지니라. 12.집사들은 한 아내의 남편이 되어 자녀와 자기 집을 잘 다스리는 자일지니. 13.집사의 직분을 잘한 자들은 아름다운 지위와 그리스도 예수 안에 있는 믿음에 큰 담력을 얻느니라."(3:8-13)

1) 남자집사의 자격(8-9절)

(1) 단정할 것이다.(8절)

"집사" "디아코노스"(διάκονος)는 "종, 일꾼, 협조자, 보조자, 대행자, 봉사자, 섬기는 자"라는 의미이며, "단정함" "셈노테스"(σεμνότης)는 "위덕, 위엄, 진심, 거룩함, 성실, 고상함"이라는 다양한 뜻을 지닌 말이다.(딤전 2:2, 3:4, 3:11)

(2) 일구이언을 하지 아니해야 한다.(8절)

"일구이언" "디로고스"(δίλογος)는 "디스"(δίς)의 두 번이라는 말과 "로고스"(λόγος)의 "말하기"의 합성어로, 똑같은 일을 두 가지로 말하는 것을 의미한다. 즉 정직해야 하며, 결코 위선적인 태도를 가져서는 안 된다.

(3) 술에 인박히지 아니해야 한다.(8 中반절)

감독들과 한가지로 집사들은 술을 금해야 한다. 술에 인박힌 자는 늘 취해있기 쉬우니, 그런 자는 복음진리를 바로 분별하지 못할 뿐 아니라, 방종하여 경건을 갖지 못한다. "술에" "오이노 폴로"(οἴνῳ πολλῷ)는 "많은 포도주에"라는 말로 많은 술에 매이고 붙들린 상태를 의미하고, "인박히다" "프로세콘타스"(προσέχοντας)는 "프로세코"(προσέχω) "마음을 ~에게 돌린다, 주목한다, 주의한다, 달라붙는다"의 현재분사로, 계속하여 많은 포도주에 빠져서 취하여 있는 혼미한 상태를 의미한다.

(4) 더러운 이(利)를 탐하지 말 것이다.(8절)

집사는 특히 금전을 취급하는 관계로, 이 직분을 맡은 자로서 탐심이 없어야 한다. "더러운 이를 탐하지 아니하고" "메 아이스크로켈데이스"(μὴ αἰσχροκερδείς)는 "부끄러운 이익을 탐하지 아니하고"이니, 이는 교회에서 금전을 취급하는 집사들이 돈에 유혹되어 하나님의 것을 자기의 것으로 만드는 것을 뜻하며, 사회적으로는 부당한 이득이나 적당치 않은 직업을 통해서 모으는 돈을 뜻하고, 가난한 자들에게 돈을 빌려주고 고리대금을 받는 일들을 의미한다. 이와 같이 교회의 집사들은 금전적인 면에서 하나님과 교회와 사람들 앞에서 물질적인 관계가 깨끗하고 명백해야 될 것이다.

(5) 깨끗한 양심의 소유자가 되어야 할 것이다.(9 上반절)

"양심" "쉬네이데시스"(συνειδησις)는 선과 악을 판단하는 "도덕의식"(moral consciousness)을 뜻한다. "깨끗한" "카다로스"(καθαρός)는 "순결한"이라는 뜻으로 "깨끗한 양심"(a pure conscience)은 하나님이 창조하신 때묻지 않은 순수한 자연적인 양심을 의미한다. 진리의 말씀을 순종하기를 힘쓰고, 반면에 순종 못할 때에는 회개하는 양심이다.

(6) 믿음의 비밀을 가진 자이다.(9 下반절)

"믿음의 비밀" "토 뮈스테리온 테스 피스테오스"(τὸ μυστήριον τής πιστεως)는 "믿음의 그 비밀"이라는 말로, 하나의 비밀을 의미하는데, 믿음으로 말미암아 구원받는 십자가의 비밀을 의미한다. 그러므로 이와 같은 최고의 진리의 비밀을 모른다면, 자격이 없는 것이다. 복음을 모르고 재능만 있는 자는 복음과 교회에 해독을 끼치게 된다.

(7) 가정에 이상이 없어야 한다.(12절)
① "한 아내의 남편(男便)" "미아스 귀나이코스 안드레스"(μιάς Υυναικὸς ἀνδρες)는 "한 여자에게 속한 남자"라는 말로, 한 아내에게 소유된 남편을 의미한다.
② 자녀를 잘 다스려야한다.(12절) "다스린다" "프로이스테미"(προΐστημι)는 "앞장선다, 다스린다, 지휘한다, 관심

을 가진다, 근심한다, 돌본다, 도움을 준다"는 의미이다. 이와 같이 교회의 집사들은 먼저 자기 가정의 자녀들을 관심과 염려와 배려(配慮)로써 돌보며 잘 양육(養育)하는 것이 필요하다.

③ 자기(自己) 집을 잘 다스려야 한다.(12절) "집" "오이코스"(οἶκος)는 "집, 거처, 가족, 식구, 후손, 소유, 재산"이라는 말로, 자기 집을 다스린다는 것은 아내와 자녀들을 의미하기는 하나 또한 재산을 관리하는 것을 뜻하기도 한다. 가정은 작은 교회이다. 자녀들의 신앙을 잘 지도해야 한다. 직분자는 자녀들까지 신앙생활을 잘해야 한다.

2) 여집사의 자격(11절)(권사도 마찬가지)

(1) 단정할 것이다.(11절, 8절 참조)

"단정함" "셈노테스"(σεμνότης)는 "위덕(reverence), 위엄(dignity), 진심(seriousness), 정중(respectfulness), 거룩함(holin-ess), 성실(probity)"이라는 말이며, 이 말의 동사 "세보마이"(σέβομαι)는 "경배한다, 예배한다, 공경한다"는 뜻이다. 그러므로 여기서 "단정하다"는 말은 하나님을 경외하며 믿는 신앙에서부터 나오는 내적인 진실과 성실, 그리고 외적인 행위의 단정함을 의미하는 것이다.

(2) 참소(讒訴)하지 않아야 한다.(11절)

"참소하다" "디아발로"(διαβάλλω)는 "적의를 가지고 고소한다, 비난한다, 참소한다"는 말로, 공연히 남을 비난하고, 비판하고, 고소하고, 정죄하는 행위를 의미하며, "마귀"를 가리켜서 "디아볼로스"(διάβολος)라고 하는데(마 4:1), 이는 "비방자, 중상자"라는 뜻이다. 이와 같이 여자들은 말이 많고, 입이 가벼워서, 이 집, 저 집으로 다니면서 남을 비방하고 비판하기 쉬운 것이다.

(3) 절제해야 한다.(11절)

"절제한다" "네포"(νήφω)는 "정신 차리고 있다, 절제한다, 정신을 고요히 한다"는 의미이다. 그러므로 집사들은 세상의 허영과 사치를 배격하고, 세상으로 향하는 자신을 절제할 수 있는 능력과 인격을 소유해야할 것이다.

(4) 모든 일에 충성해야 한다.(11절)

"모든 일에 충성된 자라야 할지니라"에서 **"충성" "피스티스"**(πίστις)는 "믿음, 신뢰, 신임, 신실, 확신, 충성"이라는 말로, 믿음으로부터 나오는 "신실함"을 의미한다. 다시 말하면 맡길 만한 상태를 뜻한다. 불변의 충성이다. 기분 따라 충성해서는 안 되고 남이 알아주든지 말든지 충성하는 것이다. 이것은 거짓이 없으며 지속성 있는 충성이다. ① 적은 일에 충성, ② 맡은 일에 충성, ③ 죽도록 충성이다.

※ 집 사

a) 집사의 기원(행 6:1-6)

① 사도들의 협력자로 세웠다.

② 구제사업 전담자로 세웠다.

③ 복음 전도자로 세웠다.

 b) 집사직의 어의(語義)

① "하인" "디아코노스"($\delta\iota\alpha\chi o\nu o\varsigma$) - 주로 식탁에서 봉사를 전담했다. (요 2:5) 흠정역 영어성경에 집사(deacon). ㉠ 동작이 기민해야 한다. ㉡ 띠를 띠고 시중들어야 한다.(눅 17:7) ㉢ 주빈의 식사가 끝날 때까지 대기한다.

② 사환(마 22:13)

③ 섬기는 자(막 10:35-44)

④ 종(從)(고후 6:4) ☞ (servant)

⑤ 일꾼(살전 3:2; 골 1:25) ☞ (minister)

⑥ 사역자(고전 3:5; 롬 13:4)

⑦ 청지기(눅 16:1; 고전 4:1; 딛 1:7; 벧전 4:1)

 c) 집사의 분류

① 장립집사(안수집사) - 공동의회의 투표에 의하여 선출한 후 안수(按手)를 받은 집사로 항존직이다.

② 서리집사 - 1년 직으로 투표 또는 당회의 임명으로 되는 임시직이다.

 d) 초대교회의 집사 자격(행 6:1-6)

① 성령 충만한 사람

② 지혜가 충만한 사람

③ 칭찬 받는 사람

<u>e) 임무</u>

① 제직회에 참석해야 한다.

② 교회를 위해 기도해야 한다.

③ 교회를 위해 봉사해야 한다.

④ 헌금을 수납한다.

⑤ 깨끗한 양심을 가져야 한다.

⑥ 인화에 힘써야 한다.(신구, 노소, 빈부)

⑦ 상부상조해야 한다.

⑧ 다투지 않아야 한다.

   ㄱ 하나님과 다투지 말라.(사 45:9)

   ㄴ 주의 종과 다투지 말라.(딤전 5:17-18; 겔 34:18)

   ㄷ 형제와 다투지 말라.(마 5:23-24)

⑨ 목회자를 도와야 한다.

   ㄱ 근심이 되어서는 안 된다.(히 13:17)

   ㄴ 마음을 편하게 해주어야 한다.(고전 16:18)

   ㄷ 순종해야 한다.(히 13:17)

   ㄹ 세심한 배려를 해주어야 한다.(건강, 생활, 자녀교육, 환경, 발전 등)

   ㅁ 위하여 기도해주어야 한다.(살전 5:25)

<u>g) 집사의 상급(딤전 3:13)</u>

① 아름다운 지위를 얻는다.

   ㄱ 집사직을 부끄럽게 여겨서는 안 된다.

   ㄴ 집사직을 자랑해야 한다.

ⓒ 집사직을 잘하면 더 큰 지위를 얻게 된다.
② 믿음의 담력을 얻는다.
　㉠ 기쁨이 일어난다.
　㉡ 보람이 있다.
　㉢ 말의 담력을 얻는다.(행 4:13)
　㉣ 기도의 담력을 얻는다.
　㉤ 순교의 담력을 얻는다.(행 7: 60)
　㉥ 전도의 담력을 얻는다.(행 8:26-40)

※ 권　사

(1) 목사(목회자)의 협력자이다. 주의 종과 일치할 것. 주신 직분을 감사.

(2) 교인을 심방하고 신앙생활을 북돋아 준다.

(3) 겸손과 덕이 있어야 한다.

(4) 언행이 아름다워야 한다.

(5) 믿음의 어머니가 될 수 있어야 한다.

(6) 가난한 자를 돌볼 수 있는 여유도 있어야 한다.

(7) 환난당한 자를 돌보는 자비심이 있어야 한다.

(8) 타인을 위로할 만한 성숙한 신앙과 세련된 교양과 감화력을 가진 설득력 있는 자이다.

Ⅳ. 교회 안에서의 진리 수호에 관한 교훈(3:14-4:16)

A. 교회와 교회의 진리(3:14-16)

"14.내가 속히 네게 가기를 바라나 이것을 네게 쓰는 것은. 15.만일 내가 지체하면 너로 하나님의 집에서 어떻게 행하여야 할 것을 알게 하려 함이니 이 집은 살아 계신 하나님의 교회요 진리의 기둥과 터이니라. 16.크도다 경건의 비밀이여, 그렇지 않다 하는 이 없도다 그는 육신으로 나타난바 되시고 영으로 의롭다 하심을 입으시고 천사들에게 보이시고 만국에서 전파되시고 세상에서 믿은바 되시고 영광 가운데서 올리우셨음이니라."(3:14-16)

3:14절 바울이 디모데를 에베소에 남겨두어, 교회를 목회하게 했다면(1:3), 빠른 시간 내에 디모데와 에베소에서 합류하기를 원했던 것도 당연한 것이라고 하겠다. 합류가 늦어지는 동안 바울은 디모데와 에베소 교인들이 이것(그가 써서 보낸 교훈들)을 꼭 붙들고 있기를 원했다. "교훈"이란 지금까지 가르친 것과 이제 앞으로 계속 써나갈 가르침을 지칭하는 것임은 말할 나위가 없다.

3:15절 이 가르침을 주는 분명한 목적은 에베소교회로 하여금 "하나님의 집에서 어떻게 행하여야 할 것을 알게

하려함"이었다. 여기서 바울은 "집" "오이코스"(οἶκος)를
비유적으로 사용하여 교회를 설명하고 있다. "교회" "에
클레시아"(ἐκκλησία) 이것은 건축학적 이미지와 융화되
어, 교회를 "진리의 기둥과 터"라고 하였다. 교회를 살아
계신 하나님께 봉헌된 건물로 설명하는 것은 바울에게는
일반적인 것이다.(고전 3:16-17; 고후 6:16; 엡 2:20-22) 어
떤 이들은 "진리의 기초"로서의 교회란 하나님의 진리의
근원으로서, 조직화된 교회의 가르침에 의지하지 않고서
는, 아무도 진리를 알 수 없다고 가르친다. 그러나 여기서
바울이 의도한 것은, 하나님의 진리의 근원이 아닌, 진리
의 수호자와 방책으로서 보편적 교회의 중요한 역할을 나
타내고자 한 것이었다. 이 이상 비약하는 것은 바울의 의
도를 벗어나는 것이 될 것이다.

3:16절 이 구절은 놀라우신 하나님의 신비에 대한 찬양이
다. "경건"이란 하나님께 자신의 몸을 바쳐 공경하고, 봉
사함을 뜻한다. "경건" "유세베이아"(εὐσέβεια)는 "좋은
예배"라는 의미이며, "경건의 비밀" "토 테스 유세베이
아스 뮈스테리온"(τὸ τῆς εὐσεβείας μυστήριον)은 "경건
의 그 비밀, 종교의 그 비밀"이라는 말로, 기독교의 비밀
을 뜻하고, 하나님께서 계시하시지 않으면, 인간 스스로
알 수가 없다. 이 비밀의 계시는 예수께서 나타나 보이지
않으셨다면, 그분을 알지 못했을 것이기 때문이다. 그러면

경건의 비밀이신 예수님은……

1. 육신으로 나타나셨다.(16절)

이제 위대하신 그리스도의 모습을 6행으로 찬송한다. 탄생으로 시작하여 승천으로 끝맺으신다.(빌 2:5-11; 롬 11:33-36) 이 구절에는 그리스도의 성육신과, 선재(先在)라는 두 가지 중요한 교리가 보인다. 이는 하나님께서 육신을 취하시어 사람이 되셨다는 것이다.(요 1:14; 요일 4:2; 롬 1:3, 9:5) "육신으로" "엔 살키"(ἐν σαρκί=in a body)는 그리스도의 "인카네이션"(incarnation), 곧 사람의 몸을 입고 세상에 오신 것을 의미하며, "나타난바 되시고" "에파네로데"(ἐφανερώθη)는 "파네오로"(φανερόω) "나타난다, 보여준다, 알게 한다"의 제1과거 수동으로, 하나님의 계획에 의하여 나타난 필연적인 계시를 의미하는데 이와 같은 그리스도의 "인카네이션"(incarnation)은 세상 사람들에게는 감추어진 기독교의 비밀인 것이다.

2. 그리스도가 성령으로 의롭다 하심을 입으셨다.(16절)

예수님의 신성의 증거는 말씀과 그가 행하신 기적들의 근거였고, 사망을 이기신 그의 부활을 통해 결정적으로 증거되었다. (롬 1:3-4)에서는 그의 육신과 영을 대조하였다.(딛 3:7) 그가 성령님의 권능으로 부활하심으로써 하나님의 아들이신 사실이 증명되신 것을 가리킨다.

3. 천사들에게 보이신 것이다.(16절)

"천사들에게 보이시고"에서 "보이시고" "옵데"(ὤφθη)
는 "호라오"(ὀράω) "본다, 보인다"의 제1과거 수동으로,
"경건의 비밀"인 그의 십자가와 부활을 단번에 나타내심
을 의미한다. 그리스도의 "인카네이션"(incarnation)도 그
리스도께서 십자가에서 죽으심도, 그리고 더욱 그리스도의
부활은, 하늘에 있는 천사들에게까지 감추어진 비밀이었
다. "경건의 비밀"(the mystery of godliness)은 천사들에
게까지 감추어졌던 최고의 신비인 것이다.

4. 만국에 전파되셨다(16절)

"만국에서" "엔 에드네신"(ἐν ἔθνεσιν=in the Gentiles)
은 "나라들 안에서, 이방들 안에서"이며, 이는 선민이 아
닌, 버림받은 이방인의 나라들을 뜻하고 "전파되시고"
"에케뤽데"(ἐκηρύχθη)는 "케뤽스소"(κηρύσσω) "공포한
다, 알린다, 선포한다, 전도한다, 설교한다, 전파한다"의 제
1과거 수동으로, 온 세상 만국에서 단번에 전파되어짐을
의미한다. 이것이 하나님의 창조의 섭리이며, 하나님의 뜻
이요, 목적이 담긴 경건의 비밀인 것이다.

5. 세상에서 믿은바 되신 것이다.(16절)

"세상에서 믿은바 되시고"에서 "세상에서" "엔 코스
모"(ἐν κόσμῳ=in the world)는 선민과 이방(異邦)을 포

함한 모든 나라들을 의미하며, "믿은바 되시고" "에피스
튜데"(ἐπιστεύθη)는 "피스튜오"(πιστεύω) "믿는다"의 제
1과거 수동으로, 무조건 구원의 은혜를 베푸시는 하나님에
의하여, 단순히 믿어진 상태를 의미한다. 이와 같이 세상
에서 전파되셨다는 것은, 유대인과 이방인을 차별치 않으
신 하나님의 사랑을 뜻하며, 값없이 주시는 구원의 은총을
의미한다.

6. 그리스도가 영광가운데서 올리우신 것이다.(16절)
  "영광가운데서" "엔 독세"(ἐν δόξη=into glory)는 영광
에 매이고, 계속 영광에 머무는 상태이며, "올리셨음이라"
"아네렘프데"(ἀνελήμφθη)는 "아나람바노"(ἀναλαμβάνω)
"들어올린다, 취한다, 데리고 간다, 함께 간다"의 제1과거
수동으로, 하나님에 의하여 단번에, 그리고 영원히 그의
영광에 들어가신 승천을 의미한다. 그리스도의 십자가는
수치와 고통을 의미한다면, 부활과 승천은 그의 영원한 영
광을 의미한다. 그리고 (빌 2:11)에는 영광 가운데 개선장
군의 입성하는 모습을 보이고, (행 1:9)에는 지상의 사역은
끝나고, 이제 하늘의 사역이 시작된 것이다. 또한 주님은
모든 인류에게 영광을 받으시는 것이다.

  B. 배도에 대한 예언 / 이단의 성격(4:1-5)

"1.그러나 성령이 밝히 말씀하시기를 후일에 어떤 사람

들이 믿음에서 떠나 미혹케 하는 영과 귀신의 가르침을
좇으리라 하셨으니. 2.자기 양심이 화인 맞아서 외식함
으로 거짓말하는 자들이라. 3.혼인을 금하고 식물을 폐
하라 할 터이나 식물은 하나님이 지으신 바니 믿는 자
들과 진리를 아는 자들이 감사함으로 받을 것이니라. 4.
하나님의 지으신 모든 것이 선하매 감사함으로 받으면
버릴 것이 없나니. 5.하나님의 말씀과 기도로 거룩하여
짐이니라.”(4:1-5)

　본문을 통해서 이단에 대해 말하려 한다. 이단은 예수님
의 이름을 버리고 가르치는 것이 아니고, 예수님의 이름을
이용하면서 그릇된 교훈을 가르친다. 여기서 이단의 성격
을 지적한 네 가지를 말씀드리려고 한다. 이단은……

1. 믿음에서 떠난다(1절).

교회는 진리의 저장소요 수호자로서 진리(眞理)의 적들
의 전략(戰略)을 알고 있어야 한다. “후일에” “엔 휘스테
로이스 카이로이스”(ἐν ὑστέροις καιροῖς=in later times)
는 그리스도의 재림 전에 올 정하여진 시간을 의미하며,
“믿음에서” “테스 피스테오스”(τῆς πίστεως=from the
faith)는 “그 믿음으로부터”이며, “떠나” “아포스테손타
이”(ἀποστήσονται)는 “모반하게 된다, 반역하게 된다, 물
러간다, 버리고 간다, 배교자가 된다”의 미래 중간태로, 그

리스도를 믿는 믿음에서, 자기 자신을 위해서 스스로 떠날 것을 의미한다. 그들은 참 진리를 거부하고 거짓된 것을 믿게 된 것이다.(갈 1:6)

2. 미혹하는 영과 귀신의 가르침을 좇는다.(1절 下반절)

"미혹하는 영" "프뉴마신 프라노이스"(πνεύμασιν πλά -voις=deceiving spirits)는 "속이는 영들"을 의미(意味)하며, "좇으리라" "프로세콘테스"(προσὲχοντες)는 "프로세코"(προσὲχω) "마음을 ~에게 돌린다, 주목한다, 따른다, 관심을 가진다, 걱정한다, 종사한다, 전념한다, 몰두한다"의 현재분사로, 현재에서 미래까지 계속하여 사단의 속임과 유혹에 주목하고 종사하며 몰두할 것을 의미한다.

"귀신의 가르침을 받는다."란 성령은 참 선지자를 통하여 말씀함과 같이, 마귀는 이단자를 통하여 가르친다. 그러므로 이단자들의 가르침은 마귀의 가르침이다.

3. 양심에 화인(火印) 맞아 거짓말을 한다.(2절)

"양심" "쉬네이데시스"(συνείδησις)는 "의식, 도덕의식"을 뜻하며, "화인 맞아서" "케카우스테리아스메논"(κεκαυστηριασμένων)은 "카우스테리아조"(καυστηριάζω) "빨갛게 단 쇠로 낙인을 찍는다, 불에 그슬린다, 태운다"의 완료 수동분사로, 거짓의 영과 귀신에게 그들의 것으로 완전히 낙인을 찍힌 상태를 의미한다. 이단자들의 양심은 화인 맞은 고로 지울 수 없게 외식과 거짓으로 물들어 있어 언제나 거짓으로 나타난다.

4. 금욕생활을 주장한다.(3-5)

"혼인을 금하고 식물을 폐하라"에서 "혼인" "가메인"(Υαμείν=to marry)은 "결혼하는 것"이라는 말로, 혼인하는 행위를 뜻하며, "금하고" "콜뤼온톤"(κωλυόντων)은 "콜뤼오"(κωλύω) "금한다, 방해한다, 막는다, 거절한다, 억제한다"의 현재분사로, 계속하여 결혼을 금하는 금욕주의(禁慾主義)를 의미한다. 당시 그노시스와 엣세네파의 특징인데, ① 혼인과 식물은 하나님께서 정하여 주신 것인데, ② 그들의 진정한 성결은 외형적으로 가면을 쓰는 것이다. 우리의 신앙생활에 우리의 몸을 더럽히는 것은 죄악이지, 식물을 금함으로 깨끗하게 되는 것이 아니다. (마 15:11)에 입으로 들어가는 것이 사람을 더럽게 하는 것이 아니라, 입에서 나오는 그것이 사람을 더럽게 하는 것이라고 했고, (창 2:18)에 **"여호와 하나님이 가라사대 사람의 독처하는 것이 좋지 못하니, 내가 그를 위하여 돕는 배필을 지으리라"**하셨다. 그러므로 혼인을 금하고 식물을 폐함으로 거룩하여지는 것이 아니다. 사람이 거룩하여지는 것은 죄를 회개(悔改)하고 하나님의 뜻대로 살아가야 한다. "버릴 것이 없나니" "우덴 아포브레톤"(οὐδὲν ἀπόβλητον=nothing to be refused)은 "더럽지 않다, 거절할 것이 없다"는 의미이다. 우리가 먹는 식물은 하나님이 만드신, 근본적으로 선하고 유익한 것들이다.

C. 그리스도의 선한 일꾼의 책임(4:6-16)

"6.네가 이것으로 형제를 깨우치면 그리스도 예수의 선한 일꾼이 되어 믿음의 말씀과 네가 좇은 선한 교훈으로 양육을 받으리라. 7.망령되고 허탄한 신화를 버리고 오직 경건에 이르기를 연습하라. 8.육체의 연습은 약간의 유익이 있으나 경건은 범사에 유익하니 금생과 내생에 약속이 있느니라. 9.미쁘다 이 말이여 모든 사람들이 받을 만 하도다. 10.이를 위하여 우리가 수고하고 진력하는 것은 우리 소망을 살아 계신 하나님께 둠이니 곧 모든 사람 특히 믿는 자들의 구주시라."(4 : 6-10)

1. 선한 일꾼은…… (4:6-10)

1) 형제들을 잘 깨우친다.(6절)

6절에 "내가 이것으로 형제를 깨우치면"이라고 했다. "이것으로" "타우타"(Ταύτα=Thess things)는 "이것들로"라는 말로, 이단에 대한 바울의 교훈을 뜻하며, "형제를" "토이스 아델포이스"(τοίς ἀδελφοίς)는 "그 형제들을"이라는 말로, 금욕주의의 교훈을 가르치는 자나, 받는 자들을 의미하고 "깨우친다" "휘포티데미"(ὑποτίθημι)는

"게시한다, 제안한다, 지적한다, 알게 한다, 가르친다"는 의미이다. 이와 같이 교회의 지도자는 형제들이 모를 때에 지적하여 깨우쳐주는 것이 필요하며, 부딪힌다고 뒤로 물러가면 좋은 일꾼이 될 수 없다. "선한 일꾼" "칼로스 디아코노스"(καλὸς διακονος)는 복음을 전하는 선한 일꾼을 뜻한다.

2) 망령되고 허탄한 신화를 버려야 한다.(7절)

그러나 디모데는 다른 사람들에게 하나님의 진리를 전하는 통로였으므로, "망령되고 허탄한 신화를 버려야만" 하였다. "망령되고" "베베루스"(δεβἠλους)는 반드시 무가치한 것이며(딤전 1:9, 6:20; 딤후 2:16), 따라서 이것들을 피하는 것이 필요하다. 이것은 늙거나 정신이 흐려서 언행이 정상이 아닌 상태이다.

3) 오직 경건에 이르기를 연습하여야 한다.(7-8)

"경건은" "헤 유세베이아"(ἡ εὐσέβεια)는 "그 경건은" 이라는 말로, 오직 하나님을 기쁘시게 하는 신앙을 뜻하며, "금생과" "조에스 테스 뉜"(ζωής τής νύν)은 "현재의 삶에서"이며, 현재의 삶에서 하나님의 약속이 있다함은 현실의 생애에서 받는 축복을 의미한다. 신령(神靈)한 복과 세속적인 축복도 의미한다. "내생에" "카이 테스 멜루세스"(καί τής μελλούσης)는 "미래의 삶에서도"이며 오는 생애에서 받을 약속은 영생을 의미한다.

4) 수고하고 진력한다.(9-10절)

"미쁘다 이 말이여!"란 8절의 말씀을 받은 것이니 위절의 말씀을 회고하면서 당시 알려진 말씀을 인용한 것이다. 10절에 "이를 위하여 우리가 수고하고 진력하는 것은, 우리 소망을 살아 계신 하나님께 둠이니 곧 모든 사람 특히 믿는 자들의 구주시라" 했다. "이를 위하여" "에이스 투토"(εἰς τούτο)는 "이것을 향하여, 이것을 위하여"라는 말로, 하나님을 기쁘게 하는 경건의 깊은 곳으로 계속 전진하여 나가는 상태를 뜻하며, "수고하고" "코피오멘"(κοπιῶμεν)은 현재에 계속하여 피곤하도록 수고하는 것을 의미한다. 목회자는 자기 자신을 경건에 이르도록 연단할 뿐만 아니라, 모든 사람들이 깊은 경건 속에 들어가도록 수고하며, 역사하지 않으면 안 될 것이다. "진력한다" "아고니조마이"(ἀγωνίζομαι)는 "경기한다, 경기에 참가한다, 싸운다, 투쟁한다, 노력한다, 힘쓴다"는 말로, 이 말은 앞에 "수고한다"는 말보다 더 강한 의미를 지닌다. 성도의 수고와 진력함은 상급이 따른다는 사실도 알아야한다. "우리 소망을 하나님께 둔다"란 사도 바울이 이렇게 경건의 도를 위하여 노력하는 이유를 보여주는 것이니, 그 이유는 그의 소망을 살아 계신 하나님께 두었기 때문이라 했다.

2. 바울의 권면(부탁)(4:11-16)

"11.네가 이것들을 명하고 가르치라. 12.누구든지 네 연소함을 업신여기지 못하게 하고 오직 말과 행실과 사랑과 믿음과 정절에 대하여 믿는 자에게 본이 되어. 13.내가 이를 때까지 읽는 것과 권하는 것과 가르치는 것에 착념하라. 14.네 속에 있는 은사 곧 장로의 회의에서 안수 받을 때에 예언으로 말미암아 받은 것을 조심 없이 말며. 15.이 모든 일에 전심전력하여 너의 진보를 모든 사람에게 나타나게 하라. 16.네가 네 자신과 가르침을 삼가 이일을 계속하라 이것을 행함으로 네 자신과 네게 듣는 자를 구원하리라."(4:11-16)

본문에서 이제 바울은 디모데에게 실제적인 삶에 있어서 모범이 될 것과 신앙성장을 위해 부단히 노력할 것을 강조하며, 이어서 교인들을 말씀으로 권면하고 가르칠 것을 교훈한다. 이는 디모데 개인을 위한 것만이 아니라, 그를 통해 모든 세대의 목회자들에게 불변의 교훈을 주는 것이다.

1) 경건을 명하고 가르쳐야 한다.(11절)

11절에 "네가 이것들을 명하고 가르치라"고 했다. 여기서 "이것들"이란 앞선 부분의 경건의 연습에 따르는 문

제들이다.(4:8 참조) "명하고 가르칠 것"이란 디모데는 성
직자였으니, 경건에 속한 말씀들을 명할 수 있고, 가르칠
수 있다. 그가 명하는 것은 자신의 권위가 아니고, 하나님
의 말씀으로 명한 것이다.

2) 연소함을 보이지 말 것이다.(12절)

12절에 "누구든지 네 연소함을 업신여기지 못하게 하
고"했는데, 여기서 "연소함"이란 "젊음"을 뜻하는데 유대
사회에서 군대를 갈 만큼 자란 나이에서부터 40세까지 달
하는 사람을 가리킨다. 디모데는 연령적으로 연소한 것보
다, 장로들이나 교인들 틈에서 경륜이 적으므로 상대적으
로 지도자 역할을 감당하기 어려운 점을 의미하는 것이지,
나이에 대한 연소함을 뜻하는 것은 아니라 하겠다. 사도
바울은 그리스도의 사역자가 경륜 때문에 업신여김을 받
는 것을 원치 않았다. 그러므로 진정한 가르침과 거룩한
생활에서 권위를 보여야할 것이다.

3) 믿는 자의 본(本)이 될 것이다.(12절 下반절)

"본" "튀포스"(τύπος)는 "찍힌 자리"를 뜻하며, "말"
"엔 로고" (ἐν λόγῳ=in speech)는 "말 안에, 말로써"이
며, 이는 습관적인 말을 뜻하며, "행실" "엔 아나스트라
페"(ἐν ἀναστραφῇ=in behaviour)는 "행실 안에, 행실로"
이며, 이도 습관적인 행위를 뜻하며, 매일 살아가는 삶 속

에서 일어나는 행위들을 의미한다. 이와 같이 목회자는 신자들에게 말이나 행동에 모범이 되어야 할 것이다. 사랑과 믿음과 정절에 본이 되어야 한다.

4) 권하고 가르치는 데 힘쓸 것이다.(13절)

① "읽는 것" "테 아나그노세이"(τῇ ἀναγνώσει=to the reading)는 "그 읽는 것에"라는 말로, 하나님의 말씀을 읽고, 연구(硏究)하는데 머물러있는 상태이며, ② 권하는 것에 착념 할 것 "권하다" "파라칼레오"(παρακαλέω)는 "곁으로 부른다, 이끈다, 권하다, 강권한다, 권면한다, 간청한다, 위로한다"이며, 여기서 온 "파라크레토스"(παράκλητος)는 "돕기 위해서 나타난 자"라는 말로, 성령(聖靈) 곧 "보혜사"로 사용되었다. ③ "가르치는 것에" "테 디다스칼리아"(τῇ διδασκαλίᾳ=to the teaching)는 "그 가르침에"라는 말로, 오직 가르치는 일에 붙들리고 소유된 상태를 의미한다. (딤전1:10, 4:1, 6, 16, 5:17, 6:1)은 주로 기독교 신앙의 진리들을 교리 학습적으로 다루는 것을 나타낸다고 할 수 있다.

5) 안수 받을 때 받은 예언을 명심할 것이다.(14절)

"네 속에 있는 은사 곧 장로의 회에서 안수 받을 때에, 예언으로 말미암아 받은 것을 조심 없이 말며"란 이것은 그가 목사로 안수 받을 때에 받은 은혜를 등한히 취급하지 말라는 것이다. "예언으로 받았다"란 기도(혹은 권면)로 받은 것을 의미한다. 선지 사도의 기도는 예언의 일종이다. "안수"에 대하여 성직자의 안수 받는 것은 구약시대부터 있어온 것이다.(민 27:14-18)

구약의 경우를 보면…… ① 축복할 때(창 48:14). ② 임직할 때(민 8:10-11). ③ 병 고칠 때(왕하 4:34) 안수하였다.

신약시대에도…… ① 병 고칠 때(막 6:5; 눅 4:40). ② 축복할 때(막 10:13). ③ 성직을 임직할 때(행 6:6, 13:3). ④ 성령강림을 빌 때(행 8:17, 19:6). ⑤ 초대교회 일곱 집사를 안수한 사실은(행 6:6) 초대교회의 안수식의 가장 좋은 배경이 된다. 그러나 바울은 디모데에게 함부로 안수하는 것을 경계하였다.(딤전 5:22)

6) 진보를 모든 사람에게 나타내어야 한다.(15절)

"이 모든 일에" "엔 투토이스"(ἐν τούτοις=in these things)는 13절의 "읽는 것과, 권하는 것과, 가르치는 것"을 뜻하며, "전심전력하다" "멜레타오"(μελετάω)는 "조심한다, 힘쓴다, 연습한다, 계발한다, 연마한다, 애쓴다"는 말이며, "진보" "헤프로코페"(ἡπροκοπὴ=the progress)는 "그 진보"라는 말로, 디모데 자신의 발전과 진보를 의미한다. 이와 같이 목회자는 하나님의 말씀을 읽고, 연구하는 일에 진보되어야 할 것이며, 신자들을 권면하고 위로

하며, 가르치는 일에 진보해야 할 것이다. 왜냐하면 이와 같은 자신의 진보가 없이 교회의 진보는 있을 수 없기 때문이다.

7) 자신이 가르친 대로 행해야 한다.(16절)

"네가 네 자신과 가르침을 삼가" "에페케 세아우토 카이 테 디다스칼리아"(ἔπεχε σεαυτῷ τῇ διδασκαλίᾳ)는 "너 자신을 주목하고 그 가르침에 목표하라"는 의미이며, "이일을 계속하라" "에피메네 아우토이스"(ἐπίμενε αὐτοῖς)는 자신을 주목하며, 가르치는 일에 계속 머물러 있으라는 의미이다. 이와 같이 목회자는 항상 자신을 돌아보고 주의하는 것이 필요하며, 신자들을 가르치는 일에 목표를 세우고, 꾸준히 믿고 나갈 때에 자신의 발전과 교회의 부흥을 가져오는 것이다.

V. 교회 안에서의 다양한 집단에 대한 교훈(5:1-6:10)

A. 다양한 연령 계층에 대하여(5:1-2)

"1.늙은이를 꾸짖지 말고 권하되 아비에게 하듯 하며 젊은이를 형제에게 하듯 하고. 2.늙은 여자를 어미에게 하듯 하며 젊은 여자를 일절 깨끗함으로 자매에게 하듯 하라."(5:1-2)

　　지금까지 디모데가 개인적인 생활과, 목회 사역을 어떻게 수행할 것인가에 대하여 교훈한 바울은, 여기서부터는 교회 안에 다양한 계층을 형성하고 있는 사람들과의 관계를, 어떻게 맺어갈 것인가에 대하여 이야기하였다. 다양한 연령 계층과의 관계에 대한 바울의 일반적인 충고는, 디모데가 자신의 가족을 대하듯이 다양한 연령 계층의 사람들을, 서로 다른 차원에서 대하여야 한다는 것이다.

1. 남녀노소에 대하여(5:1-2)

1) 늙은이에게(1-2절)

　“늙은이를 꾸짖지 말고” “프레스부테로메 에피프렉쎄스”(Πρεσβυτέρωμὴ ἐπιπλὴξης)는 “늙은이에게 겨누어 치지 말라. 책망(責望)하지 말라”는 말로, 여러 사람 앞에서 인격을 무시하지 않는 것을 뜻하며, “권하다” “파라칼레오”(παρακἀλἐω)는 “옆으로 따로 부른다”는 의미이니, 교회의 늙은 남자나, 늙은 여자들을 부모님처럼 온유하고 겸손한 태도로써, 무슨 잘못이 있으면 따로 불러 놓고, 위로와 격려와 권고로써 바로 고치라는 의미이다. “늙은이”는 단순히 연장자를 의미한다.

2) 젊은이에게(1-2절)
　① 젊은이를 형제(兄弟)에게 하듯 해야 한다(1절 下반절).

"젊은이" "네오테루스"(νεωτέρους=younger men)는 시간적으로 새로운 존재들을 뜻하며, (삼상 17:56)의 "청년" "엘렘"(עֶלֶם=elem)은 "알루밈"(עֲלוּמִים)이라는 말에서 왔는데, "영원성"이라는 뜻이고, 동사의 의미는 "감추다, 숨기다"라는 것이다. 이와 같이 젊은이들은 무한한 미래의 가능성을 가진 교회의 보배들이다. 그러므로 목회자는 교회의 젊은 청년(靑年)들을 형제처럼 대하고, 거리감과 차등을 두어서는 안 될 것이다. "형제" "아델포스"(ἀδελφός=brother)는 바울이 가장 즐겨 쓰는 용어인데, 가장 부드럽고 친절한 우정이 담긴 말이며, 예수님께서도 아버지의 뜻을 행하는 모든 사람들을 가리켜서 "형제"라고 부르셨다. 그러나 여기서 말하는 형제처럼 대하는 평등의 정신은 가르치는 자의 권위 행사를 배제하지 않는다.

② 젊은 여자를 일절(一切) 깨끗하게 대해야 한다.(2절) "젊은 여자" "네오테라스"(νεωτίρας=younger women)는 위에서도 말한 것처럼, 무한한 미래의 가능성과, 미의 신비에 싸여 있는 젊은 여성들을 의미하며, "일절 깨끗함으로" "엔 파세 하그네이아"(ἐν πάσῃ ἁγνείᾳ=with all purity)는 "모든 순결함 안에서"이며, 이는 젊은 여성들을 대할 때에 신앙적인 순결과, 이성적인 순결로써 대하라는 것이다. 신앙적인 순결이라 함은 순수한 하나님의 복음 적인 사랑의 순결함을 의미하고, 이성적인 순결이라 함은 젊은 자매들을 대할 때에 성적인 유혹을 받지 않는 마음의

깨끗함을 의미한다. 즉 "정결하고 무흠하고 예의 있는"것을 가리킨다.

B. 과부들에 대하여(5:3-16)

"3.참 과부인 과부를 경대하라. 4.만일 어떤 과부에게 자녀나 손자들이 있거든 저희로 먼저 자기 집에서 효를 행하여 부모에게 보답하기를 배우게 하라 이것이 하나님 앞에 받으실 만한 것이니라. 5.참 과부로서 외로운 자는 하나님께 소망을 두어 주야로 항상 간구와 기도를 하거니와. 6.일락을 좋아하는 이는 살았으나 죽었느니라. 7.네가 또한 이것을 명하여 그들로 책망 받을 것이 없게 하라. 8.누구든지 자기 친족 특히 자기 가족을 돌아보지 아니하면 믿음을 배반한 자요 불신자보다 더 악한 자니라. 9.과부로 명부에 올릴 자는 나이 육십이 덜 되지 아니하고 한 남편의 아내이었던 자로서. 10.선한 행실의 증거가 있어 혹은 자녀를 양육하며 혹은 나그네를 대접하며 혹은 성도들의 발을 씻기며 혹은 환난 당한 자들을 구제하며 혹은 선한 일을 좇은 자라야 할 것이요. 11.젊은 과부는 거절하라 이는 정욕으로 그리스도를 배반할 때에 시집가고자 함이니. 12.처음 믿음을 저버렸으므로 심판을 받느니라. 13.또 저희가 게으름을 익혀 집집에 돌아다니고 게으를 뿐 아니라 망령된 폄론을 하며 일을 만들며 마땅히 아니할 말을 하나니. 14.그러

므로 젊은이는 시집가서 아이를 낳고 집을 다스리고 대
적에게 훼방할 기회를 조금도 주지 말기를 원하노라.
15.이미 사단에게 돌아간 자들도 있도다. 16.만일 믿는
여자에게 과부 친척이 있거든 자기가 도와주고 교회로
짐 지지 말게 하라 이는 참 과부를 도와주게 하려 함이
니라."(5:3-16)

과부에 대한 옛적부터 중요한 부분을 차지했는데, 구약
에 과부에 대한 언급은 빈번하다.(시 68:5; 신10:18, 24:17).
초대교회에서도 과부 문제는 중대한 비중을 차지하여, 일
곱 집사를 택하여 구제하는 제도까지 마련하게 된 것이
다.(행 6:1-7; 약 1:27) 이것은 상당한 부담이 되었다. 그러
므로 바울은 도움이 필요한 이들을 충분히 도울 수 있도
록 하기 위하여, 도움이 필요치 않은 과부들을 가려내도록
강력히 주장했다. 그리고 과부들은 전적으로 하나님께 헌
신하며, 교회에 봉사할 수도 있었으므로, 교회 발전에 많
은 이바지를 한 것이다.

1. 참 과부가 있다.(3-5, 9-10)
"경대하라" "티마오"(τιμάω)는 "값을 친다, 평가한다,
존경(尊敬)한다, 공경(恭敬)한다"이며, "외로운" "메모노메
네"(μεμονωμένη)는 "모노오"(μονόω) "외롭게 만든다, 홀
로 남겨둔다"의 완료 수동분사로, 자의에 의하지 않고, 타

의에 의하여 현재 이미 외롭게 홀로 남아있는 것을 의미한다. 참 과부란 과부의 기준을 말하는 것이다.

① 부양가족이 없이 외로운 자이다.(5절) 이 구절은 과부의 특징을 지적하는데, 그의 고독한 생활 중에, "하나님께 소망을 두어" "엘피켄 에피 데온"(ἤλπικεν ἐπὶ Θεὸν)은 "하나님을 향하여 소망을 두었다, 하나님 쪽으로 희망을 두었다"는 의미이다.

② 하나님께 소망을 두고 항상 기도하는 자이다.(5절) "주야로 항상 간구와 기도를 하거니와" "프로스메네이 타이스 데에세신 카이 타이스 프로슈카이스 뉙토스 카이 헤메라스"(προσμένει ταῖς δεήσεσιν καὶ ταῖς προσ-ευχαῖς νυκτὸς καὶ ἡμέρας)는 "주야로 그 간구들과 그 기도들에게 항상 머물러 있으며"이다. 이는 과부가 교회의 강단 앞에 주야로 꿇어 엎드려 있다는 것이 아니고, 그의 삶이 하나님을 향하여 항상 많은 간구와 기도를 가지고 있다는 의미이다. 그 가장 좋은 예는 84년간 과부 생활을 하면서 성전에서 주야로 금식하고 기도한 안나 일 것이다.(눅 2:36-37)

③ 일락을 멀리하는 자이다.(6절) "일락을 좋아한다" "스파탈라오"(σπαταλάω)는 "사치하게 산다, 육욕적으로 산다"는 의미이다. 즉 하나님께 향하지 않고 세상을 향하여 일락에 잠기는 자는 영적으로 죽은 자이다.(마 8:22)

(계 3:1)에 "사데 교회의 사자에게 편지하기를 하나님

의 일곱 영과 일곱별을 가진 이가 가라사대 내가 네 행위를 아노니 네가 살았다 하는 이름은 가졌으나 죽은 자로다”라고 했다.

④ 60세 이상으로 재혼하지 않았던 자이다.(9절) 60세 이상을 구제의 대상으로 정한 것은 생활의 능력이 없고, 재혼의 가망이 없기 때문이다.

⑤ 선행을 한 증거가 있는 자이다.(10절) 자신의 자녀와 다른 사람의 자녀들을 양육한 자이다. “나그네를 대접한 자”(3:2)이며, 성도들의 발을 씻기는 자이다. 이것은 겸손의 미덕이다.(요 13:3-14; 눅 7:44) 또는 환난 당한 자를 구제하며, 모든 선한 일을 좇는 자이다. 명부에 오를 과부들은 경건한 생활에 대한 평판이 널리 알려진 자들이라야 했던 것이다.

2. 보통과부가 있다.(4-8절)

① 자녀나 손자들이 있는 자이다.(4 上반절)

② 먼저 자기 집에 효행하는 자이다.(4 中반절)

③ 부모에게 보답하는 자이다.(4절)

④ 하나님 앞에 받으실 만한 것이다.(6-7절)

3. 문제 많은 과부가 있다.(6-7절)

① 살아있으나 죽은 자이다. 이는 육적으로는 살았으나, 영은 죽은 자이다.(마 8:22; 계3:1)

② 일락을 좋아한다.(6절) 향락에 빠지면 이렇게 된다.

③ 책망 받을 일을 하는 자이다.(7절) 책망 받지 않도록 해야 한다.

④ 가족을 돌보지 않는다.(8) "배반한 자요" "엘레타이" (ἦρνηται)는 "알레오마이"(ἀρνέομαι) "거절한다, 부정한다, 포기한다, 인연을 끊는다"의 완료 중간태로, 스스로 가족을 돌보는 일을 포기하는 동시에 믿음도 이미 버린 상태를 보여준다. 그러므로 가족을 돌아볼 것이다. "더 악한" "케이론"(χείρων)은 "카코스"(κακός) "가치 없는"의 비교급으로, "더 가치 없는" 상태를 의미하며, 하나님 앞에서나 교회 앞에서 불신자보다 더 가치가 없다는 것은 쓸모가 없는 무익한 존재라는 뜻이다.

4. 젊은 과부가 있다.(11-12절)

① 그리스도를 배반할 때 시집을 간다.(11절) 결과적으로 그들은 다시 결혼하기를 원하게 될 것이며, 이것은 처음 믿음을 저버린 것이 되어서 심판을 받게 될 것이었다. 여기서 바울이 처음 믿음이라고 한 것은, 다소간 공식적인 것으로서, 과부의 명부에 올릴 때에 재혼하지 않고, 전적으로 그리스도만을 섬기겠다고 서약한 것을 가리키는 것으로 보인다. 이렇게 함으로써 과부된 여자는 흐트러짐이 없이 주님께 헌신할 수 있었던 것이다.(고전 7:34-35) 재혼은 이 서약을 깨뜨리는 것이며, 서약의 파기는 심판을

초래하는 것이었다.(민 30:2; 신 23:21; 전 5:4-5)

② 과부의 명부에 올리지 말고 재혼을 권할 것이다.(11절)

5. 조심할 과부가 있다.(13-15절)

젊고 힘이 넘치는 여자들은 게으름과 관련된 유혹에 빠질 위험이 훨씬 많다. 교회가 그들을 도와줌으로 인하여 생활을 위해 노력해야할 시간들이 자유로운 시간이 된다. "돌아다니고" "페리엘코메노이"(περιερχόμενοι)는 자기가 자기를 위해 돌아다니며, 자기의 욕구불만(欲求不滿)을 해소하는 상태를 의미하며, "망령된 말을 한다" "프루아레오"(πλουαρέω)는 "쓸데없는 말을 한다, 터무니없는 말을 한다, 무의미한 말을 한다."이고, "폄논" "페리엘고스"(περιεργος)는 남의 일에 쓸데없이 참견하여, 이러쿵저러쿵 말을 옮기고 만드는 것을 의미한다. 그러므로 바울은 할 일 없는 젊은 과부들이 욕구불만을 이러한 방법으로 해결하지 않기 위해서는 결혼을 하라는 것이다.

6. 과부 친척이 있는 여자(16절)

① 자기가 도와줄 것이다.(16절)

② 교회에 짐이 되게 하지 말아야 한다.(16절)

③ 참 과부를 도와주어야 한다.(16) 바울은 과부들에 관한 자신의 가르침을 종결지으면서 재산을 가진 믿는 **여자**는 남자들과 마찬가지로 **과부 친척**을 도와야 한다고 주장

했다. 이렇게 함으로써 교회의 책임을 덜어주고, 교회는
참 과부를 도울 수 있게 되는 것이다.

C. 장로들에 대하여(5:17-25)

"17. 잘 다스리는 장로들을 배나 존경할 자로 알되 말
씀과 가르침에 수고하는 이들을 더할 것이니라. 18.성경
에 일렀으되 곡식을 밟아 떠는 소의 입에 망을 씌우지
말라 하였고 또 일군이 그 삯을 받는 것이 마땅하다 하
였느니라. 19.장로에 대한 송사는 두 세 증인이 없으면
받지 말 것이요. 20.범죄한 자들을 모든 사람 앞에 꾸짖
어 나머지 사람으로 두려워하게 하라. 21.하나님과 그리
스도 예수와 택하심을 받은 천사들 앞에서 내가 엄히
명하노니 너는 편견이 없이 이것들을 지켜 아무 일도
편벽되이 하지 말며. 22.아무에게나 경솔히 안수하지 말
고 다른 사람의 죄에 간섭지 말고 네 자신을 지켜 정결
케 하라. 23.이제부터는 물만 마시지 말고 네 비위와 자
주 나는 병을 인하여 포도주를 조금씩 쓰라. 24.어떤 사
람들의 죄는 밝히 드러나 먼저 심판에 나가고 어떤 사람
들의 죄는 그 뒤를 좇나니. 25.이와 같이 선행도 밝히 드
러나고 그렇지 아니한 것도 숨길 수 없느니라."(5:17-25)

여기서 "장로" "프레스뷔테로이"(πρεσβύτεροι)는 나이

가 많은 사람들뿐만 아니라, 교회 안에서 지도자의 직분을
받은 사람들을 말한다.(딤전 3:1; 딛 1:5-9; 행 20:17-38)
장로의 책임은 **교회를 다스리는** 것이다. 집사들이 필요한
곳에 도움을 주는데 비하여, 장로들은 교회의 모든 일을
감독해야했다.

1. 구약에 보면

(창 10:21)에 한 가문의 어른에게 사용했으며, (레 4:15)
에 한 지파의 장에게 사용했고, (욥 3:24)에는 단지 연장자
에게도 적용되었다. (민 11:16)에는 예루살렘에 71인의 장
로로 구성된 공의회가 있어서 최고의 법적 권력을 행사하
였다.

2. 신약에 보면
① 유대주의 장로가 있었다.(마 16:21, 21:23; 행 25:15)
② 단순한 연장자도 있었다.(딤전 5:1-2; 눅 15:5)
③ 그리스도교의 장로직이 있다.(행 11:30, 14:23, 15:2,
16:4, 21:8; 히 11:2; 약 5:14)
④ 아직 법적 절차는 없이 연령과 신앙의 경력을 보아
추대된 것으로 보인다.(딛 1:5-6) 이 직은 예루살렘 교회
에서 시작되어(행 11:30, 15:22) 갈라디아(행 14:23), 에베
소(행 20:17), 그레데(딛 1:5) 등 각지로 파급되었다.

⑤ 신약교회 장로직 수행에 있어서 (딤전 5:17)에 장로는 교회를 다스리고(행 20:17; 딛 1:5-7), 감독직을 수행하는 장로회가 있었다.

⑥ 사도 아래 있었다.(행 21:18; 딛 1:5) 베드로도(벧전 5:1) 요한도(요삼 1:1) 장로로 자칭한 것을 볼 수 있다.

⑦ 신약에 장로의 서열은 언급되어 있지 않다.(고전 12:28-29; 엡 4:11) 그러므로 당시는 장로직이 고정된 것이 아니고, 연장자급의 지도자인 듯하다. 이것이 제도화된 것은 목회서신에 기록된 시기인 듯하다.

1) 존경받는 장로가 있다.(17절)

(1) 잘 다스리는 장로이다.(17절)

이는 치리장로와 설교장로(목사)가 있는데, 여기에서는 치리장로인 것이다. 당시에는 뚜렷이 구분되지는 않았다. "다스리는" "프로에스토테스"(προεστῶτες)는 "프로이스테미"(προΐστημι)의 "앞장선다, 다스린다, 지휘한다, 관심을 가진다, 돌본다, 종사한다"의 완료분사로, 현재에 모든 신자들 앞에 서서 교회를 돌보고 다스리며, 하나님의 일에 계속하여 종사하는 상태를 뜻하며, "알되" "악씨우스도산"(ἀξιούσθωσαν)은 "악씨오오"(ἀξιόω) "가치 있다고 본다"의 현재 수동태 명령형으로, "가치 있게 여겨지라"는 말이다. 이것은 교회에서 앞장서서 교회의 일들을 돌보며 잘 다스리는 장로들을 배나 존경하며, 그리고 반드시 배나 존경받아야 하는 필연적인 것을 의미한다.

(2) 배나 존경을 할 것이다.(17절)

"말씀과~수고하는" "코피온테스 엔 로고"(κοπιώντες ἐν λόγῳ)는 하나님의 말씀 속에 머물면서, 계속하여 피곤하여 지치도록 연구하며, 선포하는 상태를 의미한다. 그러므로 바울은 잘 다스리는 장로는 배나 존경하라고 했으나, 말씀 속에서 피곤하도록 수고하는 주의 종을 배 이상으로 존경하고 높이라고 한 것이다.

2) 말씀과 가르침에 수고하는 장로가 있다.(17-18절)

이 장로는 복음의 말씀을 가지고 남을 가르치는 성직자를 의미한다. 이는 오늘날 목사직에 해당한다. "가르침에 수고하는" "코피온테스 엔 디다스칼리아"(κοπιώντες ἐν διδασκαλίᾳ)는 그리스도의 교훈을 가르치는 가르침에 머물러 계속 피곤하여 지치도록 수고하는 교사들을 의미한다.

(1) 더할 것이다.(17절 下半절) 치리장로보다 더하라는 것이다.

(2) 망을 씌우지 말아야 한다.(18절 下半절) 이 말씀은 (신 25:4)에 모세가 말씀한 것을 인용한 것인데, 요지는 남

의 노동의 가치를 공정히 평정하여 보수해야 하는 원칙을
가리킨다. 우마(牛馬)에게도 보상을 적당히 주거든 만물의
영장인 인간에게 특히 하나님의 사자에게 더할 것이다.
(고전 9:9-10; 마 10:10)에 일꾼이 그 삯을 받는 것이 마땅
하다는 말씀은 주님께서도 말씀하셨다.

3) 장로에 대한 송사를 신중히 할 것이다.(19-20)

이는 (신 19:15)에 있는 말씀의 인용이다. 장로는 교인을
치리하는 지위에 있으나, 자신이 범과하여 송사를 받을 수
있다. 이런 경우에는 특히 신중히 해야 한다. 첫째는 그의
지위가 교회의 중직이므로, 그의 실수는 교회에 큰 영향을
가져올 것이고, 또 중상과 모략으로 무고 당할 수도 있기
때문이다. 이러한 사건이 있을 때에는 어떻게 해야 할까?

(1) 두세 증인이 없으면 받지 말 것이다.(19절)

그러나 어떤 장로가 어떤 과실을 범하였다는 풍설이 돌
때에, 교회는 그것을 그대로 믿지 말고, 신중히 심사하여,
두세 증인의 증거를 기다려야 한다. 그런데 오늘날에는 일
방적 판단을 하여, 문제를 일으키는 것은 통탄할 일이다.

(2) 범죄자는 모든 사람 앞에 꾸짖을 것이다.(20 下반절)

이는 장로에게 누명을 씌운 자를 중책할 것이다. 곧 장
로를 경솔히 훼방하는 자들을 공석에서 꾸짖어 장로의 누

명을 벗겨주어야 한다.(Calvin)

(3) 남은 사람은 두렵게 할 것이다.(20절 下半절)

남들이 범죄 건으로 인하여, 책벌 받는 것을 보는 관중은 그윽이 범죄의 공포를 느끼게 된다. 장로에 대한 교훈에 있어서, 존경받는 장로가 있고, 말씀과 가르침에 수고하는 장로가 있으며(목사), 따라서 장로에 대한 송사를 신중히 해야 한다.

4) 디모데에게 하는 개인적 부탁(21-23)

바울은 디모데에게 개인적 부탁을 하고 있다. 바울은 디모데를 믿음의 아들로 생각하기 때문에, 그의 목회생활에 깊은 주의의 말씀을 하고 있다. 그래서 본문에 보면 하지 말아야 할 것과, 해야 할 것을, 그리고 개인적 건강에 대하여 말하고 있다.

(1) 편견이 없이 지키고, 편벽되게 말라하였다.(21절)

다른 번역에는 "이것들을 올바로 지키고, 어떤 일에 치우치지 마시오. 그대는 편견 없이 이 규칙들을 지키고 불공평한 처사를 하지 마시오."라고 했다. 21절에 "하나님과 그리스도와 천사 앞에 명하노니"란 이는 미래의 대 심판 장면을 보여준다.(히 12:22-23; 요 5:22; 마 16:27) 남을 잘못 정죄 하는 일은 심판자 앞에서 심문(審問) 당할 무서운 일이다. "편견" "프로크리마토스"(προκρίματος

=prejudgment)는 “심리전 판결, 구별, 차별”이라는 말로, 어떠한 일이 일어나면 원고와 피고의 사정을 다 들어보기 전에, 미리 판결을 내리는 것을 뜻하며, **“편벽되다”“프로 스크리노”**(προσκρίνω)는 “향하여 기울어진다”는 말로, 어느 한편에게 쏠리어 공정한 심판이 내려지지 않는 것을 의미한다. 이와 같이 교회의 지도자는 모든 사람들에게 다 같이 공평하게 다스리고, 편견과, 편벽이 없도록 하여야할 것이다.

(2) 아무에게나 경솔히 안수하지 말 것이다.(22절)

장로 임직을 위한 안수(按手)를 가볍게 하지 말아야한 다. 즉 쉽게 범죄할 자, 곧 장로 자격이 확실치 못한 자를 임직 시키지 않는 것도 중요하다. 장로를 임직할 때 신중 히 하여 잘못을 미연에 방지해야한다. **“아무에게나 경솔 히 안수하지 말고”** “케이라스 타게오스 메데니 에피티 데이”(Χείρας ταχέως μηδενί ἐπιτίθει=Do not be hasty in the laying on of hands)는 “누구에게나 급히 안수하 지 말고”이며, 이는 교회의 중책을 맡을 장로들을, 아무렇 게나 쉽게 안수하여 세우지 말라는 뜻이다. 그러므로 교회 의 장로직은 경솔히 안수되어서는 안 될 것이다.

(3) 다른 사람의 죄를 간섭 말고 자신을 정결케 해야 한 다.(22절)

“죄 간섭”이란 이는 다른 사람의 죄에 참여하지 말라는 것이다. 죄 있는 사람에게 안수하는 행위를 포함하여 남의 죄에 동참하고 방조해서는 안 된다. 빌라도가 그러했다.(마 27:24) "간섭치 말고" "메데 코이노네이"(μηδέ κοινώνει)는 "참여치 말라, 합동하지 말라, 교제치 말라, 동정치 말라"는 말로, 그들이 범하는 죄에 같이 참여하며, 교제하며 합동하지 말라는 뜻이며, 그들이 범하는 죄를 동정치 말라는 뜻이며, "정결" "하그노테스"(ἁγνότης)는 "순결"과 "성실"이라는 말로, 신앙적인 고상함과 윤리적인 순결을 의미한다. 그러므로 여기에 교회 지도자의 고상한 인격이 있으며, 그러기에 고민과 고통이 따르는 것이다.

(4) 병을 인하여 포도주를 조금씩 사용할 것인가?(23절)

디모데의 몸이 약한 것을 염려한 나머지 그의 건강을 위해 준 교훈이다. 술은 약용으로 조금씩 사용할 수 있는 것이고, 다량으로 마시면 범죄하기 쉽다. 유대인에게는 나실인 같은 특별한 서원으로 헌신하여 금주하는 경우가 있다.(민 6:2; 삿 13:5) 과음을 금한다(잠 9:2 20:1, 23:29; 삿 5:11), 또는 노아나(창 9:24) 롯(창 19:33; 엡 5;18; 딤전 3:3)이 과음으로 실수하였다. "술에 인박히지 아니하고" "메 오이노 폴로 프로세콘타스"(μὴ οἴνῳ πολλῷ προσέχοντας)는 "많은 포도주(葡萄酒)에 빠져있지 말며"이다. 그러므로 바울은 (엡 5:18)에서 "술 취하지 말라 이는 방탕(放蕩)한 것이니 오직 성령의 충만을 받으라."고 했다. 그런데 여기

서 "술 취하지 말라" "메 메뒤스케스테 오이노"(μὴ μεθ
-ύσκεσθε οἴνῳ)는 "포도주에 취하여 있지 말라"이며, 이
는 다른 사람들에 의해서 취하지 말라는 의미이다. "재앙
이 뉘게 있느뇨 원망이 뉘게 있느뇨 까닭 없는 창상이
뉘게 있느뇨 붉은 눈이 뉘게 있느뇨 술에 잠긴 자에게
있고 혼잡한 술을 구하러 다니는 자에게 있느니라."(잠
23:29-35)고 했다. 술을 보지도 말라는 적극적인 술의 부
정을 본다. 이 땅위에서 술 때문에 실패하거나, 망하거나,
목숨을 잃어버린 자들이 얼마나 많은가? 그러므로 하나님
의 백성들은 술을 입에 대지 않고, 눈으로 보지 않는 것이
축복임을 알 것이다.

5) 선악은 드러남(24-25)

우리 인간은 마치 땅에 씨를 심는 것과 같고, 잉태한 여
인같이 반드시 시간이 가면 선악 간에 폭로가 된다. 그러
므로 우리는 언제나 선행을 행하고 악은 모양이라도 버려
야한다.

(1) 죄가 드러나 심판받은 자도 있다.(24절)

24절에 "어떤 사람들의 죄가 밝히 두러나 먼저 심판
에 나아가고"란 저자가 다시 본제에 돌아가 장로의 소송
문제를 말하는 것이다. 어떤 사람의 죄는 먼저 밝히 드러
나 교회의 재판을 받고 있음을 말한다. "밝히" "프로데로

이”(πρόδηλοι)란 “이미 알려진” 혹은 “명백한”이란 뜻이다. 이렇게 죄는 반드시 폭로 되고야 만다. 그러므로 우리는 죄를 조심해야 한다.

(2) 밝히 드러날 죄도 있다.(24 下반절)

“어떤 사람들의 죄는 그 뒤를 좇나니”란 다른 사람들의 죄도 곧 드러나게 됨을 말한다. 어떤 죄는 드러나지 않고 감추어져 있으나, 머지않아 명백히 드러날 것임을 의미한다. 죄를 감추는 일은 “게하시”와 “아간”과 “아나니아와 삽비라”의 경우처럼 될 것이니 조심해야 한다.

(3) 우리의 선행도 드러난다.(25절)

25절에 “이와 같이 선행도 밝히 드러나고 그렇지 아니한 것도 숨길 수 없느니라.” 선한 일이나 악한 일이나, 처음에는 그 모습이 잘 드러나지 않지만, 시간이 지나면 자연히 본 모습을 나타내게 될 것이므로, 경솔한 판단을 삼가라는 뜻이다. 우리의 선행도 조만간에 보상을 받게 될 것이니, 염려할 것이 없다. 반드시 우리에게 보상이 있음을 모세를 통하여 보여 주셨고, 우리 예수님께서 (마 5:12, 10:42)에 결단코 상을 잃지 않을 것이라고 말씀하셨다. 그러므로 결국 24-25절은 22절의 경고를 강조하기 위한 것이다. 즉 누군가를 안수하는데 성급하지 말라는 것이다.

D. 종들과 주인들에 대하여(6:1-2)

"1.무릇 멍에 아래 있는 종들은 자기 상전들을 범사에 마땅히 공경할 자로 알지니 이는 하나님의 이름과 교훈으로 훼방을 받지 않게 하려함이라. 2.믿는 상전이 있는 자들은 그 상전을 형제라고 경히 여기지 말고 더 잘 섬기게 하라 이는 유익을 받는 자들이 믿는 자요 사랑을 받는 자임이니라. 너는 이것들을 가르치고 권하라."(6:1-2)

마지막으로 종에 대하여 말한다. 당시 로마 사회의 가장 큰 사회문제는 노예문제이다. 당시 노예수가 자유민의 4배가 되었다 한다. 자유민은 모든 일을 노예에게 위임하고 향락에 빠졌다. 여자들은 자유민의 향락에 노예가 되고, 여주인들은 남자 노예들을 향락의 노리개로 삼았다. 그 결과 가정문제, 사회문제가 되고야 말았다. 그리고 여기에 믿는 노예와 불신자 주인의 관계, 불신 주인을 둔 믿는 노예의 문제가 단순하지 않았다. 성경은 한결같이 복종을 권하며, 이 노예제도가 그리스도 안에서 철폐된 것이다.(엡 6:5; 골 3:22; 딛 2:9; 벧전 2:18)

1) 주인을 공경할 것이다.(1절)

(1) 멍에 아래 있는 종이다.(1절)

"멍에"는 소나 나귀의 목에 메는 것이니, 이 낱말 자체가 가혹한 노예제도를 말하는 것이다. 당시 종들은 동물 이상의 대우를 받지 못하였다.

(2) 범사에 공경해야 한다.(1절)

노예들이 예수를 믿으므로 형제라 하여 복종을 거부하지 말고, 복종하고 마음으로 공경할 것이다.(골 3:22) 육적인, 세상 적인, 정당한 질서를 지켜야 한다.

(3) 하나님의 이름과 교훈이 훼방을 받지 않도록 해야 한다.(1절)

바울이 노예 신자들에게 상전을 공경하라고 교훈한 것은, 노예제도를 인정해서가 아니고, 하나님의 이름이 욕되게 될까 염려해서이다. 여기서 훼방(毁謗)은 비방과 욕됨을 의미한다.

2) 믿는 상전을 경히 여기지 말고 더 잘 섬길 것이다.(2절)

"종" "두울로스"(δούλος=slave)는 "종, 노예"이며, 멍에 아래 있는 종은 어떤 주인에게 속한 종을 뜻하며, "상전" "데스포테스"(δεσπότης)는 "주인"(master), 소유자(owner)"라는 의미이며 "공경할 자로 알지니"에서 "알지니" "헤게이스도산"(ἡγείσθωσαν)은 "헤게오마이"(ἡγέομαι) "생각한다, 여긴다"의 현재 중간태 명령으로, "생각하라, 계산하라”이며 이는 어떤 이유를 따지지 말고 단순히 마땅히 존경할 자로 알고 그렇게 계산하라는 것이다.

(1) 유익을 받기 때문이다.(2절)

“유익을 받는 자들”에서 유익을 받는 이유는, 이들은 은혜에 참여하는 자들이 되었기 때문이다. “경히 여기지 말고” “메 카타프로네이토산”(μὴ καταφρονείτωσαν)은 “깔보지 말라, 업신여기지 말라, 비웃지 말라”는 의미이다. 바울이 이 편지를 쓰는 당시, 빌레몬과 오네시모의 주종관계와 같이, 믿는 자들이 집에 종을 두고 있었다. 그러면 주인이 믿는 형제라고 멸시하지 못할 이유는 무엇인가? 그것은 본문에서와 같이, 섬김을 받는 자가 믿는 자와 또 하나님의 사랑을 받는 자이기 때문인 것이다.

(2) 사랑을 받게 된다.(2절)

이렇게 믿는 주인을 잘 섬기면 유익(有益)도 되고, 사랑도 받게 될 것이다. 믿음을 가진 노예(奴隷)들은, 믿는 상전들을 더 잘 섬겨야한다. “더 잘 섬기게 하라” “알라 말론 두울류에토산”(ἀλλὰ μάλλον δουλευέτωσαν)은 “오히려 더욱 섬기게 하라”인데, 이는 종과 노예의 자세로서 섬기는 것을 의미한다. 그리고 “믿는 자요 사랑을 받는 자임이라” “호티 피스토이 에이신 카이 아가페토이”(ἔτι πιστοί εἰσιν καὶ ἀγαπητοί)는 “그들이 믿는 자이기 때문이며, 사랑을 받는 자들이기 때문이다"라는 뜻이다. 그러므로 하나님을 믿으며, 하나님의 사랑을 입은 주인을 잘 섬기면, 그 축복이 자기에게로 돌아온다.

3) 디모데는 가르치고 권해야 한다.(2절)
바울은 디모데에게 종과 주인의 자세에 대하여 잘 교훈하며 서로 충돌을 피함으로 하나님께 영광이 되고, 자신에게 축복이 될 것을 교훈 한다.
우리 모두 주(主)의 종이니 종으로서……
① 주인을 공경해야한다. 우리의 주인은 하나님이시다.
② 상전을 경히 여기지 말아야 한다. 더 잘 섬기어야 한다.
③ 노예에 대한 인식을 잘 지도해야 한다. 지금은 주인과 종에 대하여 이런 제도가 없으나, 우리는 지금도 직장이나 우리의 생활에서 상사나 윗사람에게 잘 섬기는 모습을 보여야 할 것이다.

E. 이단자들과 탐욕자들에 대하여(6:3-10)

"3.누구든지 다른 교훈을 하며 바른말 곧 우리 주 예수 그리스도의 말씀과 경건에 관한 교훈에 착념치 아니하면. 4.저는 교만하여 아무것도 알지 못하고 변론과 언쟁을 좋아하는 자니 이로써 투기와 분쟁과 훼방과 악한 생각이 나며. 5.마음이 부패하여지고 진리를 잃어버려

경건을 이익의 재료로 생각하는 자들의 다툼이 일어나
느니라. 6.그러나 자족하는 마음이 있으면 경건이 큰 이
익이 되느니라. 7.우리가 세상에 아무것도 가지고 온 것
이 없으매 또한 아무것도 가지고 가지 못하리니. 8.우리
가 먹을 것과 입을 것이 있은 즉 족한 줄로 알 것이니
라. 9.부하려 하는 자들은 시험과 올무와 여러 가지 어리
석고 해로운 정욕에 떨어지나니 곧 사람으로 침륜과 멸
망에 빠지게 하는 것이라. 10.돈을 사랑함이 일만 악의
뿌리가 되나니 이것을 사모하는 자들이 미혹을 받아 믿
음에서 떠나 많은 근심으로써 자기를 찔렀도다."(6:3-10)

1. 경건한 생활

우리 신자의 생활에 있어서 경건한 생활이 가장 좋은
신앙이다.

1) 경건의 뜻

"하싸드"(חָסַד) : "인사하다, 친절하다, 자비를 보이다"

"하씨드"(חָסִיד) : "인자한, 선한, 거룩한, 자비로운"

"유세베이아"(εὐσέβεια)는 "거룩"(딛 2:2), "좋은 예배"란
뜻이며,

"유세베스"(εὐσεβής) : "헌신적인" (행 10:2)

"세보마이"(σέβωμαι) : "숭배하다, 경배하다, 헌신하다, 믿다,

예배하다"

여기서 경건은 우리의 종교적인 경건이니, 하나님께 경배하고, 헌신하는 생활인 것이다. 즉 경건은 공경하는 마음으로 깊이 삼가고 조심함이니, 하나님을 경외함으로 두려워하는 마음을 가리킨다.

2) 경건을 명령하고 있다.(11절)

(딤전 6:11)에 "오직 너 하나님의 사람아 이것들을 피하고 의와 경건과 믿음과 사랑과 인내와 온유를 좇으며"라고 했다. 경건한 것은 바로 하나님의 사람의 의무이다. (벧후 1:3)에 "그의 신기한 능력(能力)으로 생명과 경건에 속한 모든 것을 우리에게 주셨으니 이는 자기의 영광과 덕으로써 우리를 부르신 자를 앎으로 말미암음이라."고 했다.

3) 경건한 생활은 어떻게 해야 하나?(3절)

"누구든지 다른 교훈을 하며" "에이 티스 헤테로디다스칼레이"($\varepsilon \H{\iota}$ $\tau \iota \varsigma$ $\varepsilon \tau \varepsilon \rho o \delta \iota \delta \alpha \sigma \kappa \alpha \lambda \varepsilon \H{\iota}$=if anyone teaches false doctrines)는 "만일 누구든지 다른(거짓) 교훈(교리)을 가르친다면"인데 이 다른 교훈은 복음이 아닌 율법적(律法的)인 행위의 교리(敎理)를 의미한다. "바른말" "휘기아이누신 로고이스"($\upsilon \gamma \iota \alpha \iota \nu o \upsilon \sigma \iota \nu$ $\lambda o \gamma o \iota \varsigma$)는 "건강한 말씀에, 건전한 말씀에"이며, 이는 곧 예수 그리스도의

말씀을 의미한다. 그리스도의 건강하며, 건전한 말씀은 율법에 반대되는 무조건 용서하는 십자가의 복음을 의미한다. "경건에 관한 교훈에""테 카트 유세베이안 디다스칼리아"(τῇ κατ εὐσεβειαν διδασκαλίᾳ=to the doctrine which is according to godliness)는 "그 경건을 따르는 가르침에"이며, 이 가르침에 따르지 아니하므로 인간은 교만하여 진다는 뜻이다. 이와 같이 하나님을 기쁘시게 하며, 그에게 영광 돌리는 교훈에 따르지 않으므로, 인간은 자연히 하나님의 영광을 자기가 가로채어 교만하여 지는 것이다.

"착념치 않는다""메 프로셀케타이"(μὴ προσέρχεται)는 "접근하지 않는다, 종사하지 않는다"라는 뜻이니, 이는 그리스도의 십자가의 복음에 접근하지 않고, 반대되는 율법에 가까이 따르면, 인간은 결국 교만하여 진다는 의미이다. 바울이 관심을 가지고 있는 거짓 교사들은 세 가지 중복되는 징후를 보여준다.

(1) 이들은 다른 교훈을 가르친다.(1:3 참조)

(2) 우리 주 예수 그리스도의 말씀에 착념치 아니한다.(더 정확히 번역하면) "그리스도의 건전한 말씀""건전한" 말씀을 착념하지 아니한다.(딤후 2:17)

(3) "경건에 관한 교훈에"는 착념치 아니한다. 진리와 경건, 진리로부터의 오류와 도덕적 결함 사이의 관계는 목회서신의 주요한 주제가 되고 있다.

6:4-5절 교리적인 탈선이 순수하게 실수로 이루어지는 경우는 거의 없다. 여기에는 언제든지 고의성이 따르게 마련이다. 에베소의 거짓 교사들은 자기중심적으로 되어서(1:7 참조) 교만했다. 그러한 사람은 아무것도 알지 못한다. "저는 교만하여" "테튀포타이"(τετύφωται)는 "튀포오"(τυφόω) "흐르게 한다, 어둡게 한다, 속인다, 잘 난체한다, 눈이 어두워진다, 어리석어진다"의 완료 수동으로, 타(他)에 의하여 이미 교만하게 된 상태이며, 교만은 곧 소경이 되는 것을 의미하고 "아무 것도 알지 못하고" "메덴 아피스타메노스"(μηδὲν ἀπιστάμενος=knowing nothing)는 하나님에 의하여 계시되는 것이 전혀 없는 것을 의미한다. 어느 누구도 성령의 계시가 없이는 아무것도 알 수 없다. (엡 1:17-18) 이와 같이 교만한 자에게는 하나님의 앎의 계시가 없으니 그러므로 겸손할 것이다. "변론" "제테세이스"(ζητήσεις=questioning)는 "조사, 논쟁"이라는 말로, 자기의 행위의 의를 찾으려는 논쟁을 의미하며, "언쟁" "로고마키아"(λοΥομαχια=word-battle)는 "말싸움"을 뜻하며 "좋아하는" "노손"(voσών)은 "노세오"(voσέω) "앓는다, 병들어 있다. 아프다"의 현재분사로 인간의 공로

를 따지는 변론과 언쟁에 계속 깊이 빠져 병들어 있는 상태를 의미한다. 이로 인하여 생겨나는 것은 **투기와 분쟁과 훼방과 악한 생각과 마음의 부패**뿐이라고 했다. 이러한 현상은 바울의 가르침이 추구했던 목적과는 너무도 다른 것이었다.(딤전 1:5; 갈 5:16-24) 이러한 악한 열매들은 그들의 참된 내적 동기를 고려해 볼 때, 너무도 당연한 것이라고 하겠다(마 7:13-23). 거짓 교사들은……

 (1) 마음이 부패하여 지고(딤후 3:8)

 (2) 사단으로 말미암아 진리를 잃어버렸으며(눅 8:5, 12)

 (3) 경건을 이익의 재료로 생각하는 자들이었다. 탐욕이야말로 그들의 가장 기본적인 동기였던 것이다.(딛 1:11; 유12) "진리" "알레데이아"(ἀλήθεια)는 예수 그리스도 자신이며(요 14:6), 하나님의 말씀이며(요 17:17), 성령(聖靈)이시다.(요 16:13) 그리고 "잃어버려" "아페스테레메논"(ἀπεστερημένων)은 "아포스테레오"(ἀποστερέω) "강탈하다, 빼앗는다, 속여서 빼앗는다, 횡령한다"의 완료 수동분사로 교만함과 동시에 이미 진리를 잃어버리게 된 것을 뜻한다. 이와 같이 교만하면 예수를 잃어버리며 성령은 떠나버리고, 말씀의 붙들림도 상실해버리고 마는 것이다.

6:6절 여기서 바울은 **"경건"**과 **"이익"**이란 용어를 사용하여 전형적인 바울의 방식대로(고전 2:5-6) 진리에서 벗어난 자들로부터 진리에 충실한 자들에게로 그 논의를 옮겨

가고 있다. "경건이" "헤 유세베이아"(ἡ εὐσέβεια=the piety)는 "그 경건, 그 좋은 예배"라는 말로, 육체의 경건이 아닌 하나님께 예배하여 영광 돌리는 유일한 경건을 뜻하며, "지족하는 마음이 있으면" "메타 아우탈케이아스"(μετὰ αὐταρκείας=with self-sufficiency)는 "자족과 함께, 스스로 만족(滿足)함으로"라는 말이며, "큰 이익(利益)이 되느니라" "에스틴 데 포리스모스 메가스"(ἔστιν δὲ πορισμὸς μέγας)는 "큰 이익의 방편이 된다"는 뜻이니, 이는 하나님을 믿는 경건의 목적이 세상의 어떤 이익을 목적으로 하는 것이 아니지만, 하나님을 기쁘게 하는 믿음의 생활에서 스스로 만족하면, 그 경건이 세상의 물질적인 이익도 가져오는 하나의 길이 된다는 의미인 것이다. 이것이야말로 가장 위대한 이익인 것이다.

6:7-8절 바울은 물질은 일시적인 것일 수밖에 없다는 유대교와 기독교의 일반적인 생각(욥 1:21; 전 12:16-21)을 통하여 자신의 주장을 보충(補充)하였다. "족한 줄로 알 것이니라" "알케스데소메다"(ἀρκεσθησόμεθα)는 "알케오"(ἀρκέω) "충분하다, 넉넉하다, 만족하다"의 미래 수동으로, 믿음 곧 경건한 생활을 통해서 끝까지 스스로 만족하게 될 수 있음을 의미한다.(고후 3:5-6) 그리스도인들도 먹을 것과 입을 것이 필요하지만, 이것이 충족된다면 그것으로 만족할 수 있어야 한다.(히 13:5-6) 바울은 자기

자신부터 자신의 말을 이해하고 있었다.(빌 4:10-13)

6:9-10절 바울은 만족하는 태도와 그 반대의 태도를 대조시켰다. 부하려 하는 것과 돈을 사랑하는 것은 동전의 양면과 같은 것이다. "돈을 사랑함이" "헤 피랄귀리아"(ἡ φιλαρΥυρία=For the love of money)는 돈을 사랑하되 완전히 돈에 빠져있는 상태를 의미하며, "일만 악의 뿌리" "리자 갈 판톤 톤 카콘" (ῥίζα Υὰρ πάντων τών κακών)은 "모든 악의 뿌리"라는 뜻이다.

유다는 돈 때문에 예수님을 팔았으며, "아나니아"와 "삽비라"는 돈 얼마 때문에 성령을 속이다가 죽었으며, 아간은 금덩어리 때문에 멸망당했으니, 실로 돈을 사랑하는 것은, 모든 죄악의 뿌리가 아닐 수 없다. 오늘날 한국 교회도 돈을 너무 사랑하고 있으니, 물질화 되어가는 현대 고층 교회당을 어떻게 생각하는가?

"사모하는" "오레고메노이"(ὀρεΥόμενοι)는 "오레고"(ὀρέΥω) "손을 내민다, 뻗친다, 열망한다"의 현재 중간태 분사로, 계속하여 갈망하는 깊은 욕망을 의미하며, "미혹을 받아" "아페라네데산"(ἀπεπλανανήθησαν)은 "아포프라나오"(ἀποπλανάω) "잘못 인도한다"의 제1과거 수동으로, 돈을 사랑하여 믿음에서 떨어져서 방황하는 상태를 뜻하며, "믿음에서 떠나" "아포 테스 피스테오스"(ἀπὸ τῆς πίστεως=from the faith)는 "그 믿음으로부터"이며, 이는 한번 떠나면 다시 얻기 어려운, 유일하고 귀중한 믿음을 의미한다.

"많은 근심으로" "오뒤나이스 폴라이스"(ὀδύναις πολ -λαίς=with many pains)는 "많은 고통으로, 많은 번민 에서"이며, 이는 많은 번민과 고통 속에 머물러 있는 상태 이고, "찌른다" "페리페이로"(περιπείρω)는 "꿰뚫는다"는 의미이다. 이와 같이 돈을 사랑하고 사모하는 자들의 마음 속에는, 번민과 갈등과 고통의 가시가 영혼을 찌르고, 정 신과 마음을 꿰뚫고, 행복한 삶을 파괴하고 마는 것이다. 그러므로 돈은 있는 것으로 족할 줄 알 것이다.

VI. 디모데에 대한 마지막 권면 (6:11-21)

"11.오직 너 하나님의 사람아 이것들을 피하고 의와 경 건과 믿음과 사랑과 인내와 온유를 좇으며. 12.믿음의 선한 싸움을 싸우라 영생을 취하라 이를 위하여 네가 부르심을 입었고 많은 증인 앞에서 선한 증거를 증거 하였도다. 13.만물을 살게 하신 하나님 앞과 본디오 빌 라도를 향하여 선한 증거로 증거 하신 그리스도 예수 앞에서 내가 너를 명하노니. 14.우리 주 예수 그리스도 나타나실 때까지 점도 없고 책망 받을 것도 없이 이 명 령을 지키라. 15.기약이 이르면 하나님이 그의 나타나심 을 보이시리니 하나님은 복되시고, 홀로 한 분이신 능하신 자이며 만왕의 왕이시며 만주의 주시요. 16.오직 그에게만 죽지 아니함이 있고 가까이 가지 못할 빛에 거하시고 아무 사람도 보지 못하였고 또 볼 수 없는 자시니 그에게 존귀와 영원한 능력을 돌릴지어다. 17.네가 이 세대에 부한 자들을 명하여 마음을 높이지 말고 정함이 없는 재물에 소망을 두지 말고 오직 우리에게 모든 것을 후히 주사 누리게 하시는 하나님께 두며. 18.선한 일을 행하고 선한 사업에 부하고 나눠주기를 좋아하며 동정하는 자가 되게 하라. 19.이것이 장래에 자기를 위하여 좋은 터를 쌓아 참된 생명을 취하는 것이니라. 20.디모데야 네게 부탁한 것을 지키고 거짓되이 일컫는 지식의 망령되고 허한 말과 변론을 피하라. 21.이것을 좇는 사람들이 있어 믿음에서 벗어났느니라 은혜가 너희와 함께 있을 지어다."(6:11-21)

A. 경건을 권면함(6:11-16)

이 서신은 바울 사도께서 믿음의 아들이요, 목회자인 디모데에게 주신 교훈이다. 디모데의 주소는 루가오니아의 더베이며(행 14:6, 20:4), 가족은 부친은 헬라인, 모친은 유대인인 "유니게"(행 16:1)이며, 에베소교회의 감독이었다.(딤전 4:14)

오늘 이 말씀은 디모데에 대한 최종적인 당부이다. 여기서 "하나님의 사람아"라는 인상적인 호격과 더불어 개인적인 교훈을 주는 것이다. 이 말씀은 디모데에게 주신 말씀만이 아니라, 모든 성도에게 주신 말씀이다. 여기서 "하나님의 사람"이란 말은 구약에 예언자를 가리켜 부르는 명칭이다. 신약에는 (딤후 3:17)에 "하나님의 사람으로 온전케 하며"라고 한 것 밖에 없는데, 구약에서는 모세에게(신 33:1,; 시 90:1), 사무엘 선지에게(삼상 9:8), 엘리야에게(왕상 17:18), 엘리사에게(왕하 4:7), 그리고 무명의 선지자에게(삼상 2:27; 왕상 13:1) 적용되었다.

1. 하나님의 사람이 피할 것이 있다.(11절)

"하나님의 사람아 이것들을 피하고"라고 했다. "피하고"란 극히 강조하는 말인데, 위에서 말한 모든 탐심과 타락으로 인한 불행을 피하라는 말씀이다. (6:14-17)에 언급된 멸망의 요인들이다.

1) 불신자와 짝하지 말라.

(고후 6:14-17)에 "너희는 믿지 않는 자와 멍에를 같이하지 말라 의와 불법이 어찌 함께 하며 빛과 어두움이 어찌 사귀며 그리스도와 벨리알이 어찌 조화되며 믿는 자와 믿지 않는 자가 어찌 상관하며 하나님의 성전과 우상이 어찌 일치가 되리요 우리는 살아 계신 하나님의 성전이라 이와 같이 하나님께서 가라사대 내가 저희 가운데 거하며 두루 행하여 나는 저희 하나님이 되

고 저희는 나의 백성이 되리라 하셨느니라."했고, (고후 6:17)에는 "그러므로 주께서 말씀하시기를 너희는 저희 중에서 나와서 따로 있고 부정한 것을 만지지 말고 피하라."고 하셨다.

　2) "오직 너 하나님의 사람아 이것들을 피하고"(11절)
　① 탐욕을 피하자.(딤전 6:9-10)
　② 청년의 정욕을 피하자.(딤전 6:22)
　③ 변론을 피하자.(딤전 6:20-21)
　④ 우상을 멀리하자.(요일 5:21)
　⑤ 이단자를 멀리하자.(요이 1:10-11)
　"이것들" "타우타"(ταύτα=these things)는 부하려는 욕심을 뜻하고, "피하라" "퓨케"(φεύγε)는 "도망하라, 피하라, 멀리하라, 삼가라"는 말이다.

　2. 하나님의 사람이 좇을 것이 있다.(11절)
　"오직 너 하나님의 사람아 이것들을 피하고 의와 경건과 믿음과 사랑과 인내와 온유를 좇으며"라고 했다. "의를" "디카이오쉬네"(δικαιοσύνη)는 율법의 의가 아닌, 복음의 의를 뜻하며 예수 그리스도를 통하여 모든 믿는 자에게 미치는 구원의 의를 의미한다.(롬 3:22) 그리고 "좇으며" "디오케"(δίωκε)는 "달려가라, 추구하라"는 의미이다.

3. 선한 싸움을 싸우라.(12절)

"믿음의 선한 싸움을 싸우라" "아고니주 톤 칼론 아고나 테스 피스테오스"(ἀγωνίζου τον καλὸν ἀγῶνα τής πίστεως)는 "그 믿음의 그 선한 싸움을 싸우라"이며, 이는 믿음도 선한 싸움도 하나로서 중대함을 보여주며, 믿음을 위해서 싸우는 싸움을 의미한다. 무엇이 선한 싸움인가? 믿음 때문에, 믿음을 통하여, 믿음을 위해서 사는 삶을 의미한다. 여기서 "싸운다." "아고니조마이"(ἀγωνίζομαι)는 "아고"(ἄγω)의 "보낸다(시간), 허비한다"는 말에서 유래한다. 그러므로 "믿음의 선한 싸움을 싸우라"는 것은 믿음 때문에, 믿음을 위해서, 자기의 생애를 전적으로 낭비하는 것을 의미한다.

4. 점도 없고 책망 받을 것도 없이 명령을 지켜야한다.(13-14절)

13절에 "만물을 살게 하신"이란 현재사이니, 언제나 생명을 주신 다는 것이다. 그리고 빌라도를 향하여 선한 증거를 증거 하신, 예수 그리스도의 권위로 바울은 디모데에게 명령을 한 것이다. 그 명령은 14절에 "예수 그리스도 나타나실 때"까지는 재림을 의미하며, 그 재림 때에 점도 없고 책망 받을 것도 없이, 이 명령을 지키라는 것이다. 그러나 이 명령을 지키지 못한 자는, 주님 재림 때에 책망이나 형벌을 받게 될 것이다. "점"이란 "흠"을 의미한다.

이와 같이 우리도 주님의 명령을 지키면, 축복과 천국의 상급이 있겠으나, 거역하면 주님의 무서운 책망이 있을 줄 알고 힘써 지키는 자가 되어야한다.

세상은 우리를 몰라도 우리는 하나님의 사람이다.

하나님의 사람은……

1) 모든 죄악 된 것을 피해야 한다.

2) 모든 선한 것을 좋아 행해야 한다.

3) 점도 흠도 없고, 책망(責望) 받을 것이 없도록 명령을 지켜야한다.

5. 바울이 증거한 하나님(6:15-16)

성경에는 우리 하나님은 어떠한 하나님이신가에 대해 많은 곳에서 증거하고 있는데 여기서는 본문에 나타난 하나님에 대하여 말씀을 생각해 보려고 한다.

1) 하나님은 복되신 분이시다.(15절)

"기약이 이르면 하나님이 그의 나타나심을 보이시리니 하나님은 복되시고"에서 "복" "마카리오스"(μακάριος)는 "복된, 행운의, 행복한 것"을 뜻하며, 하나님이 복되시다 함은, 하나님 자신의 본질이 복을 가지고 계실 뿐만 아니라, 모든 사람들에게 그 복을 부여하시는 복의 근원이 되심을 의미한다.

2) 홀로 한 분이신 능하신 자이시다.(15절)

"홀로 한 분이신 능하신 자이며" "모노스 뒤나스테스"(μόνος δυνάστης=only potentate)는 "홀로 주권자이시며, 홀로 통치자이시며, 홀로 능력자이시며"라는 뜻이니 이는 하나님이 홀로 전능하신 힘을 가지시고, 이 우주를 자기의 마음대로 창조하시고, 다스리시고, 통치하시는 것을 의미한다.

3) 만왕의 왕이시며 만주의 주시다.(15절)

"만왕의 왕이시며" "호 바실류스 톤 바실류온톤"(ὁ βασιλεὺς τῶν βασλευόντων=the king of the reigning)은 "만왕의 왕, 통치자들의 그 왕"이라는 말로, 현재 하늘과 땅에서 다스리는 모든 주권자들을 다스리시는 하나님을 뜻하고, "만주의 주시오" "퀴리오스 톤 퀴리유온톤"(κύριος τῶν κυριευόντων=Lord of the ruling)도 현재에 하늘과 땅에서 주인으로서 다스리고 군림하는 자들을 다스리고 지배하시는 하나님을 의미한다.

4) 죽지 아니하시는 하나님이시다.(16)

"오직 그에게만 죽지 아니함이 있고" "호 모노스 에콘 아다나시안"(ὁ μόνος ἔχων ἀθανσίαν=who only has immortality)은 "오직 하나님만 불멸을 가지시고"이며, "죽지 아니함" "아다나시아"(ἀθανασία)는 "영원히 죽지 아니함”을 뜻하고 있다. (창 21:33)에 “영생하시는 하나님”(the everlasting God)이라고 했으며, (느 9:5)에 “영원부터 영원까지 계신 하나님”(God for ever and ever)이라고 했다. 그러나 하나님이 영원하시다 함은, 그의 모든 속성이 영원불변함을 의미하며, 그의 주권과 섭리와 영광이 영원함을 뜻한다.

5) 가까이 갈 수 없는 빛에 거하시는 하나님이시다.(16절)

“가까이 가지 못할 빛에 거(居)하시고” “포스 오이콘 아프로시톤”(φώς οἰκών ἀπρόσιτον=who lives in unappr-oachable light)은 비교되거나 적대할 수 없는 빛을 의미한다. (출 33:17-23)에 모세가 하나님의 영광의 빛을 본 것을 의미하고, (요일 1:5)에 하나님은 빛이시고, 그리스도도 참 빛이시요(요 1:9, 8:12), 그의 영광의 빛 앞에 사람은 감히 갈 수가 없다.

6) 아무도 보지 못하고, 볼 수 없는 빛에 거하신다.(16절)

하나님을 직접 보면 죽는다는 것이 구약의 사상이었다. (출 33:20) 하나님의 본체를 본 사람은 창세 이래로 아무도 없다고 하였다. (요 1:18)에 “본래 하나님을 본 사람이 없으되 아버지 품속에 있는 독생하신 하나님이 나타내셨느니라”라고 했다.

"볼 수 없는 자시니" "우데 이데인 뒤나타이"(οὐδὲ ἰδ
-εῖν δύναται=nor can see)는 "보여질 수 없는 자시니"라
는 의미이다.

B. 부자들에 관한 교훈(6:17-19)

디모데서는 목회서신으로 바울 사도께서 믿음의 아들이
요 목회자인 디모데에게 주신 말씀이다. 오늘 본문 말씀은
물질에 대한 교훈으로 부자들의 큰 실수는 물질을 잘못
취급함에 있으므로, 이에 대하여 경계한 것이다.

1. 정함이 없는 재물에 소망을 두지 말라.(17절)

이것은 재물이 불안정하기 때문이다. 우리 기독교인들은
물질에 대하여 바른 자세를 가져야 한다. 사람이 물질이
많아지면, 자연히 그 마음이 자기도 모르는 사이에 교만해
지고, 모든 일에 자신이 생기는 모양이다.(눅 12:13-21 참
조)

본문에서 "물질은 정함이 없다"는 것은 믿을 수 없다는
것이다. "정함이 없는" "아델로테티"(ἀδηλότητι=uncertainty)
는 "확실하지 않은, 목적이 없는, 방향이 없는"이라는 의미이
며, "소망을 두지 말며" "메데 엘피케나이"(μηδὲ ἠλπικέναι)
는 "엘피케나이"(ἠλπικέναι)가 "엘피조"(ἐλπίζω) "희망한
다"의 완료 능동태 부정사로, 앞으로 부(富)에 소망을 두

지 않도록 하라는 것이 아니고, 현재 정함이 없고 아무런 목적도 없는 재물에 소망을 두지 않는 행동이 이미 완료가 되어있도록 하라는 뜻이다. 왜냐하면 불타면 없어지고 순간적으로 인간의 생명을 빼앗아 가는 물질의 부(富)에 잠시라도 소망을 둘 수 없기 때문인 것이다. "후히 주사"의 "주사" "팔레콘티"(παρέχοντι)는 "파레코"(παρέχω) "수여한다"의 현재분사 여격으로, 후하게 계속 부어주시는 것을 뜻하고, "누리게 하시는" "에이스 아포라우신"(εἰς ἀπόλαυσιν =for our enjoyment)은 "즐거움을 향하여, 행복을 위하여"라는 말로, 하나님께서, 우리의 끝없는 행복한 삶을 위해서 한량없이 부(富)를 주시는 것을 뜻한다.

2. 주의 종이 할 일(6:18)

1) 선한 사업에 부하게 할 것임(18절)

부한 자들로 하여금 선한 사업에 부하게 하는 것이다. "선한 일을 행하고 선한 사업에 부하고 나눠주기를 좋아하며 동정하는 자가 되게 하라"에서 "선한 일을 행하고" "아가도엘게인"(ἀγαθοεργεῖν=to work good)은 선을 행하도록 하라는 의미인데, 여기서 선한 일은 구제보다 영혼을 구원하는 일을 뜻하며(빌 1:6), "선한 사업에 부하고" "프루테인 엔 엘고이스 칼로이스"(πλουτεῖν ἐν ἔργο -ίς καλοίς=to be rich in works good)는 하나님의 복음

을 증거하는 복음사업에 재물을 사용하도록 만들라는 의
미이다.

① 선한 일을 행하고,
② 선한 사업에 부하고,
③ 나눠주기를 좋아하고,
④ 동정하는 자가 되어야 한다.

2) 왜 선한 사업에 부할 것인가?(19절)

(1) 자기를 위해 좋은 터를 쌓는 것이기 때문이다.(19)
　장래에 자기를 위해서 좋은 터를 쌓는 것이기 때문이다.
"이것이" "인 디스 웨이"(In this way)는 하나님의 복음
을 증거 하는 삶과 구제하며 교제하는 삶을 의미하며, "장
래에" "에이스 토 멜론"(εἰς τὸ μέλλον=the time to
come)은 현실과 끝없이 이어지는 미래를 뜻하고 "좋은
터" "데멜리온 칼론"(θεμέλιον καλόν)은 "좋은 기초"라는
말로, 장래의 성공과 축복의 기초를 의미한다.

(2) 참된 생명을 취하는 것이기 때문이다.(19절)
　"참된 생명" "테스 온토스 조에스"(τῆς ὄντως ζωῆς
=the certainly life, the realy life, the eternal life)는
현실적이고 확실하며, 그리고 영원한 생명과 삶을 의미하
며, "취하는 것이니라" "에피라본타이"(ἐπιλάβωνται)는

“에피람바노”(ἐπιλαμβάνω) “붙잡는다, 가진다”의 제2과
거 중간태 가정법으로, 자기를 위해서 가지는 것을 의미한
다. 이와 같이 그리스도의 복음 사업에 부(富)하며, 구제하
는 삶에 부하며, 가난한 자들과 너그러운 마음으로 교제하
는데 부하면, 그것처럼 현실적이며, 타산적이며, 계산적이
며, 미래적이며, 영구적인 삶이 다시 있을 수 없다는 의미
이다. 왜냐하면 여기에는 실패와 불행과 가난과 저주가 결
코 없기 때문이다.

C. 믿음을 지킬 것을 권면함(6:20-21)

바울은 언제나 마지막에 부탁과 축복을 잊지 않고 있다.
여기에서도 마지막으로 경계와 축복을 하고 있다.

1. 경계이다.(20절)

1) 부탁을 지킬 것이다.(20절)
디모데에게 전해준 교리들이다. 혹은 교훈이다.

2) 거짓된 것을 피할 것이다.(20절)
이는 거짓이 일컫는 지식의 망령되고 허한 말과 변론인
것이다. “망령”이란 신성을 더럽힌다는 뜻이다. “허한” 이
란 공허이다. “변론”이란 반대이다.

3) 믿음에서 벗어난 자이다.(21절 上半절)

이것을 좇은 자들이다. "이것"은 20절에 거짓되게 일컫는 지식을 말한다. 이들은 교회를 어지럽히는 자들이다.

　2. 축복이다.(21절 下)

1) 은혜이다.

"은혜" "카리스"(χάρις)는 하나님의 복 가운데 가장 귀한 것이다.

2) 너희와 함께 있기를 축복했다.(21절)

"너희"는 복수로 되었는데 디모데뿐 아니라 모든 교인들을 향해 쓰인 것임을 알 수 있다.

결　론

바울은 이렇게 최후까지 그에게 교훈하고, 축복을 잊지 않았다. 우리도 이러한 것을 배워야 할 것이다. 바울은 간단한 축복인 "은혜가 너희와 함께 있을 찌어다."라는 말로써 이 서신을 끝맺었다. 여기서 복수형으로, "너희"라고 한 것은 분명히, 이 서신이 교회 안에서 널리 읽혀질 것을 바울이 확신(確信)하고 있었기 때문이다.(골 4:18; 딤후 4:22; 딛 3:15)

디모데후서

하나님이 우리를 구원하사
거룩하신 부르심으로 부르심은
우리의 행위대로 하심이 아니요
오직 자기 뜻과
영원한 때 전부터 그리스도 예수 안에서
우리에게 주신 은혜대로 하심이라

서 론

이 서신은 디모데에게 보내진 것으로 때는 A. D. 67년 말경이요, 바울의 마지막 서신이다. 이 서신이 기록될 당시 바울은 제2차 로마의 지하 감옥에서 최후를 기다리면서(4:6-8) 본서를 기록하여 디모데에게 두 번째 보낸 것이었다. 디모데전서와 디도서가 전형적으로 목회서신인데 비해, 디모데후서는 사적 서신이다. (목회서신의 저자와 연대에 관한 좀 더 자세한 논의가 디모데전서 주석의 서론에 나타나 있다. 여기에는 디모데 개인에 대한 칭찬과 격려가 있고(1:13-14), 여러 배신자에 대한 섭섭함을 언급하였고(1:15-18), 자신의 전도담이 있고, 그리고 최후를 바라보는 순교자의 엄숙한 고백이 있다.(4:6-8) 디모데후서의 목적은 에베소에서 목회하는 디모데를 격려하기 위함이었다. 이 서신의 가장 중요한 주제는 핍박 속에서 믿음과 사역을 충실히 지킬 필요성에 관한 것이다.

개 요

B. 하나님의 말씀에 충실함(3:14-4:5)

C. 바울의 충실함(4:6-8)

VII. 바울의 역경 속에 나타나신 하나님의 신실하심을 상기함(4:9-18)

A. 바울의 적들과 친구(4:9-16)

B. 바울을 건지신 주님(4:17-18)

VIII. 마지막 문안(4:19-22)

Ⅰ. 문안과 축복(1:1-2)

"1절. 하나님의 뜻으로 말미암아 그리스도 예수 안에 있는 생명의 약속대로 그리스도 예수의 사도 된 바울은. 2.사랑하는 아들 디모데에게 편지하노니 하나님 아버지와 그리스도 예수 우리 주께로부터 은혜와 긍휼과 평강이 네게 있을지어다."(1 : 1-2)

1. 하나님의 뜻으로 된 바울(1절)

바울이 사도권을 밝히는 것은 전서와 공통된다.(딤전 1:1; 고전 1:1; 고후 1:1; 엡 1:1; 골 1:1) 여기서 바울이 사도가 된 것은 자신의 노력이나 어느 사람의 권고로 된 것이 아니고, 전적으로 하나님의 부르심에 근거한다.(갈 1:1) 그리고 바울이 사도권을 강조한 것은 당시의 갈라디아교회 등에서 사도권을 반대하는 경향이 있었기 때문이다. "사도" "아포스톨로스"(ἀπόστολος)는 "사신, 사자, 사절"이라는 말로, "보내어진 사람"이라는 뜻이며, "그리스도 예수의 사도 된 바울"이란 의미는 그리스도 예수를 위해서 보내어진 사도 바울이란 뜻이다. 그리고 "하나님의 뜻으로" "디아 델레마토스 데우"(διὰ θελήματος θεού)는 "하나님의 뜻을 통하여"(through will of God by the will of God)라는 말로, 이것은 하나님의 뜻에 의하여, 그리고 하나님의 뜻과 목적을 수행하기 위하여 사도가 된 것을 의미한다.

2. 그리스도 안에 있는 생명의 약속을 이룰 자이다.(1절)

이는 하나님께서 예수님을 통하여, 신자들에게 영생을 주시겠다고 약속하셨는데, 구약에서는 생명의 약속(창 3:15; 시 16:11)을, 신약에서 바울은 영원한 생명을(롬 8:2; 고후 4:10; 갈 2: 20; 빌 1:21; 골 3:14; 요 1:4, 3:15, 11:25; 요일 5:11)말씀한다. "그리스도 예수 안에" "엔 크리스토 예수"(ἐν Χριστῷ Ἰησού=in christ Jesus)는, 그리스도 예수 안에 뿌리를 박고 머물러 있는 상태로서, 이것은 전적으로 그리스도의 공로 때문에 사도가 된 것을 의미한다.

3. 그리스도 예수의 사도 된 바울이다.(1절)

이것은 자신의 신분을 소개한다. 그는 이 생명의 약속을 사람들에게 전파하기 위하여 사도로 선택받은 사실을 소개한다. 이것은 그의 사명의 확신에서 말씀한 것이다. "생명의 약속대로" "카트 에팡겔리안 조에스"(κατ' ἐπαγγε -λίαν ζωής=according to the promise of life)는 "생명의 약속을 따라, 생명의 통치를 따라, 생명의 선포를 따라"라는 의미이다. "약속" "에팡겔리아" (ἐπαγγελία)는 "예고, 통지, 서약, 제의, 약속"이며, 동사 "에팡겔로마이" (ἐπαγγέλομαι)는 "예고한다, 선고한다, 선포한다, 자백한다, 언명한다"는 말이다. 그러므로 생명의 약속을 따라 사도가 되었다는 것은, 그리스도를 믿음으로 얻는 생명을 알려주고 선포하기 위하여 사도가 되었다는 의미이다.

4. 축복된 삶(1:2절)

1) 은혜를 나누어주는 삶(2절) (1) 사랑하는 아들에게 - 성도 (2) 아버지와 예수께로부터 - 거룩한 은사 (3) 은혜, 긍휼, 평강 - 생활의 축복.

① "은혜" "카리스"(χάρις)는 "우아, 매력, 끄는 힘, 은총, 총애, 선의, 선물"이라는 말로, 구원의 은혜를 의미하나, 본문에서는 구원받은 자에게 주시는, 계속 주어지는 하나님의 일반적인 은혜를 의미한다.

② "긍휼" "엘레오스"(ἔλεος)는 "자비"(mercy), "긍휼"(pity)이라는 말이며, 동사 "엘레에오"(ἐλειω)는 "불쌍히 여긴다, 측은히 여긴다, 자비를 베푼다"는 뜻이다. 하나님이 우리를 무조건 사랑하시는 이유는 하나님 자신이 너무도 긍휼하신 성품이 많으시기 때문이다.

Ⅱ. 믿음을 권면함(1:3-18)

"3. 나의 밤낮 간구 하는 가운데 쉬지 않고 너를 생각하여 청결한 양심으로 조상 적부터 섬겨오는 하나님께 감사하고. 4.네 눈물을 생각하여 너 보기를 원함은 내 기쁨이 가득하게 하려함이니. 5.이는 네 속에 거짓이 없는 믿음을 생각함이라 이 믿음은 먼저 네 외조모 로이스와 네 어머니 유니게 속에 있더니 네 속에도 있는 줄을 확신하노라. 6.그러므로 내가 나의 안수함으로 네 속에 있는 하나님의 은사를 다시 불일듯하게 하기 위하여 너로 생각하게 하노니. 7.하나님이 우리에게 주신 것은 두려워하는 마음이 아니요 오직 능력과 사랑과 근신하는 마음이니."(1:3-7)

A. 디모데로 인한 감사(1:3-7)

바울의 다른 대부분 서신에서와 같이 인사와, 다음에 감사와 기도가 기록되어 있다. 그 가운데 바울의 디모데를 향한 생각은 너무나 깊은 사랑에서 우러나오는 것이다. 디모데전서에서 바울은 자신의 구원과 사역에 대하여 감사한바 있거니와(딤전 1:12) 여기서 그는 디모데의 구원과 사역에 대해 감사하였다.

1. 청결한 양심으로 섬김(3절)

"섬기다" "라트류오"(λατρεύω)는 "예배한다, 섬기다"라는 의미이며, "청결한 양심으로" "엔 카다라 쉬네이데시스"(ἐν καθαρᾷ συνεδήσις=in pure conscience)는 윤리적인 면에서보다는 신앙적인 양심의 순결을 뜻하며, "청결" "카다라"(καθαρᾷ)는 여격으로, 항상 신앙의 순결 속에 머물러 있는 상태를 뜻한다. 이와 같이 하나님을 섬기는 자는, 신앙적인 양심으로 하나님께 부끄러움 없이 예배와 봉사의 삶을 살아야할 것이다.

2. 조상으로부터 대대로 섬김(3)

"조상적부터" "이포 프로고논"(ἀπὸ προγόνων=from fore
-fathers)는 조상 대대로 내려오는 전통적인 계통을 의미
한다. 다시 말하면 바울이 조상으로부터 하나님을 섬겼다
는 것은 믿음의 조상들이 가졌던, 그 위대하고 숭고한 신
앙을 이어받아서 섬겼다는 의미이다.

3. 복음 안에서 심령으로 섬김(롬 1:9)

"복음 안에서" "엔 토 유앙겔리오"(ἐν τῷ εὐαγγελίῳ=
in the gospel)는 오직 그리스도의 십자가와 부활의 그
복음 속에 머무는 것을 뜻하며, "내 심령으로" "엔 토 프
뉴마티 무"(ἐν τῷ πνευματι μου=in the spirit of me)는
"나의 그 영으로, 나의 성령 안에서"인데, 두 번째인 "나
의 성령으로"가 더 택하고 싶은 말이다. 그렇지 않으면
성령 속에 있는 영을 의미할 수도 있을 것이다.

4. 디모데의 눈물을 생각하였다.(4절)

여기서 "눈물"은 디모데가 바울과 작별할 때에 흘린 것
인 듯하다.

1) 보기를 원했다.(4절)

"네 눈물을" "수 톤 닥크뤼온"(σου τῶν δακρύων)은

“너희 그 눈물들”이라는 말로, 디모데가 복음(福音)을 전하면서 흘린 많은 눈물을 의미(意味)하며, “생각하여” “멤므네메노스”(μεμνημένος)는 “밈므네스코마이”(μιμνησκο-μαι) “기억한다, 마음에 간직한다”의 완료 수동분사로, 디모데의 눈물 때문에, 바울의 마음의 깊이에 디모데에 대한 사랑의 감정과 연민이 가득 차 있는 상태를 의미한다.

 2) 디모데의 믿음을 생각하였다.(5절)

 (1) 거짓이 없는 믿음이다.(5절)
 “거짓이 없는 믿음” “아뉘포크리투 피스테오스”(ἀνυπ-οκρίτου πιστέως)는 가식과 외식이 없는 진정한 믿음을 의미한다. 주의 종들이 종종 느끼는 것은 우리를 위해서 십자가(十字架)를 지신 그리스도 앞에 진실하고 솔직해지자는 것이다.

 (2) 계승된 믿음이다.(5절)
 “먼저 네 외조모 로이스와 네 어머니 유니게 속에 있더니 네 속에도 있는 줄 확신하노라”하였다. 디모데의 외조모와 모친은 가정에서 신앙교육을 실시함에 있어서 모범적이었다. 이와 같이 선조들의 참된 신앙은 자손들에게 결정적인 신앙의 영향을 준다.

 3) 하나님께 받은 은사를 생각게 하였다.(6)

이는 디모데가 받은 은사 - 은혜를 생각하게 한 것이다.

(1) 안수할 때 받은 것이다.(6절)

이는 목사 장립(將立) 받을 때에 성령님으로 말미암아 받는 은혜를 가리킨다. 은사(恩賜)의 목록은 (고전 12:4-10; 엡 4:1-12) 등에 잘 나타나 있다. "안수하매" "에페티데산"(ἐπετίθεσαν)은 "에피티데미"(ἐπιτίθημι) "놓는다, 얹는다"의 미완료(未完了)로, 이는 안수(按手)가 계속되는 상태를 뜻하며 "성령을 받는지라"의 "받는지라" "에람바논"(ἐλάμβανον)은 "람바노"(λαμβάνω) "취한다, 가진다"의 미완료로, "받고 있었다"는 뜻이다.

(2) 불 일 듯해야 한다.(6절)

"불 일 듯하게" "아나조퓌레인"(ἀναζωπυρείν)은 다시 위로 불을 붙여 올라가게 하는 것을 의미한다. 그러므로 주의 종들도 수고하다보면, 자기도 모르는 사이에 사명의 불이 꺼져갈 때가 있으니, 계속적인 성령의 충만을 받아야 한다.

디모데를 향한 바울의 생각은 쉬지 않고 생각하고, 눈물을 생각하였다. 계승된 믿음을 생각했고, 하나님께 받은 은사를 생각게 하였다.

4) 하나님이 주신 마음을 가져야 한다.(7절)

(1) 두려워하는 마음이 아니다.(7절)

"두려워" "데일리아스"(δειλίας)란 "비급한 상태"이니, 나이가 어린 목회자여서 거짓 교사들을 대적할 때 두려워하였으며(딤전 1:3-7, 4:6-7, 12), 육체적으로 병약해서(딤전 5:23) 바울이 투옥된 후 복음 전파하는 것을 두려워한 듯하다. 그래서 바울은 디모데에게 하나님이 주신 은사가 두려워하는 마음이 아님을 권면한다.

(2) 능력의 마음이다.(7절)

이는 성령님이 주시는 견고한 정신인데, 자연적인 힘보다 하나님께로부터 오는 인격적 힘이요,(고전 1:18-21) 초인간적 능력이다. "능력" "뒤나메오스"(δυνάμεως=might)는 다이나마이트(dynamite) 같이 잠재적인 무한한 능력을 가진 것을 뜻한다. 복음에 나타난 능력은 인류의 구원을 위한 획기적 능력이다.

(3) 사랑의 마음이다.(7절)

"사랑" "아가페"(ἀγάπη)는 높은 가치에서 낮은 가치로 내려가는 무조건의 사랑을 의미하며, 본문의 "사랑" "아가페스"(ἀγάπης)는 "사랑의"라는 말로, 사랑에 소유되고 지배받는 상태를 의미한다.(갈 5:22-24). 즉 단순한 애정이 아니라 실제적으로 타인을 돕는 것을 가리킨다.

(4) 근신하는 마음이다.(7절)

"근신(勤愼)" "소프로니모스"(σωφρονιμὸς=self-control)는 "도덕 교훈, 좋은 판단, 절제, 자기 훈련, 자기 수양(修養), 분별력"이라는 뜻이며, 본문의 "근신하는" "소프로니스무"(σωφρονισμού)는 "근신의"라는 말로, 자제력에 소유된 마음을 주셨음을 의미한다.

B. 용기를 가질 것을 권면함(1:8-12)

"8.그러므로 네가 우리 주의 증거와 또는 주를 위하여 갇힌 자된 나를 부끄러워 말고 오직 하나님의 능력을 좇아 복음과 함께 고난을 받으라. 9.하나님이 우리를 구원하사 거룩하신 부르심으로 부르심은 우리의 행위대로 하심이 아니요 오직 자기 뜻과 영원한 때 전부터 그리스도 예수 안에서 우리에게 주신 은혜대로 하심이라. 10.이제는 우리구주 그리스도 예수의 나타나심으로 말미암아 나타났으니 저는 사망을 폐하시고 복음으로써 생명과 썩지 아니할 것을 드러내신 지라. 11.내가 이 복음을 위하여 반포자와 사도와 교사로 세우심을 입었노라. 12.이를 인하여 내가 또 이 고난을 받되 부끄러워하지 아니함은 나의 의뢰한 자를 내가 알고 또한 나의 위탁한 것을 그 날까지 저가 능히 지키실 줄을 확신함이라."(1:8-12)

1. 전도자의 제3의 자세(8절)

1) 주의 증거를 부끄러워 말 것임(8절)

"우리의 증거" "토 말튀리온 투 퀴리우 헤몬"(τὸ μαρ -τύριον τού κυρίου ἡμῶν)은 "우리 주의 그 증거"라는 말로, 십자가의 구속의 은총을 의미한다. 만일 주님의 십자가의 증거가 부끄럽게 생각된다면 주의 종도, 그리고 복음을 전하는 자도 될 수 없을 것이다.

2) 갇힌 자를 부끄러워 말 것임(8절)

"주를 위하여 갇힌 자 된 나를" "에메 톤 데스미온 아우투"(ἐμὲ τὸν δέσμιον αὐτού)는 "주를 위해 죄수 된 나를"이며, "나를" "에메"(ἐμέ)는 "메"(με)의 강조형으로, 바울은 자기가 그리스도를 위해서 감옥에 갇히는 죄수가 된 것을 자랑스럽게 나타냄을 배운다. 이는 바울 자신이 복음을 부끄러워하지 않았던 것처럼(롬 1:16), 디모데도 복음에 대하여 부끄러워 말 것을 당부하는 것이다.

3) 복음과 함께 고난을 받아야 한다.(8절)

"복음과 함께 고난을 받으라" "성카코파데손 토 유앙겔리오"(συΥκακοπάθησον τῷ εὐαΥΥελίῳ)는 "너는 그 복음에서 함께 고난을 겪으라”는 의미이며, 이는 그리스도의 복음에 붙들리고 매여 있는 상태에서, 그 복음을 위해서 모든 사람과 함께 고난을 받으라는 뜻이다. 여기서 “함께 고난을 받으라.”는 무조건의 명령이며, 반드시 복음을 위해서 고난을 모두 같이 겪어야하는 상태를 의미한다.

2. 하나님의 부르심(9절)

1) 거룩한 부르심으로 부르심(9절 上)

“거룩한 부르심으로” “크레세이 하기아”(κλήσει ἁγίᾳ =to a holy life)는 “거룩한” “하기아”(ἁγίᾳ)의 여격으로, 방편보다는 목적을 뜻하는 말이며, “거룩” “하기아스모스”(ἁγιασμός)는 “거룩, 봉헌, 성화”이며, 이는 하나님을 위해 하나님께 구별되고 바쳐진 것을 의미하고, “부르심은” “칼레산토스”(καλέσαντος)는 “칼레오”(καλέω) “부른다”의 제1과거 능동분사로, 단번에 영원히 부르심을 의미한다. (엡 2:9)에는 “행위에서 난 것이 아니니 누구든지 자랑하지 못하게 함이라”고 했다.(딛 3:5) 이 얼마나 감사한 일인가? 만일 인간이 율법(律法)의 행위(行爲)로 구원을 받는다면, 아무도 구원받을 사람이 없음을 우리는 잘 아는 것이다. ① 십자가의 강도가 구원받은 것은 행위 때문이 아니다. ② 본 서신의 저자인 사도 바울 역시 행위에 의해서라면, 구원받을 수 없는 것이다. ③ 오늘 우리가 행위로 구원을 받는다면, 인류 중에 한 사람도 구원받을 수 없는 것이다.

2) 예수 그리스도의 은혜로 된 것이다.(9下)

"오직 자기의 뜻과 영원한 때 전부터 그리스도 예수 안에서 우리에게 주신 은혜대로 하심이라"고 했다. "자기의 뜻과" "카타 이디안 프로테신"(κατὰ ἰδίαν πρόθεσιν)은 "자기의 계획을 따라, 자기의 목적을 따라, 자기의 섭리를 따라"이며, 이는 하나님의 영원한 섭리(攝理)와 목적을 위해서, 따라서 부름을 받아 구원된 상태를 의미하는 것이다. "은혜대로" "카타 이디안 카린"(κατὰ ἰδίαν χάριν)은 "은혜를 따라서"이며, 이는 값없이 불러주신 그리스도의 선행적인 은총을 의미하며, 이와 같은 무조건의 은혜가 우리에게 주어진 것은, 예수 그리스도 때문이다. "그리스도 예수 안에서" "엔 크리스토 예수"(ἐν Χριστῷ Ἰησού)는 그리스도 예수를 통하여, 즉 방편과 목적을 의미하는 말이기도 하다. 은혜와 진리는 예수로 말미암아 전달되었으며(요 1:17), 또한 은혜를 주신 이유는 그리스도를 위하여 주신 것이니(빌 1:29), 부르심을 입은 자는 감사할 것이다.

3. 그리스도의 나타나심으로(10절)

1) 사망을 폐하심(10절)

"나타나심으로" "디아 테스 에피파네이아스"(διὰ τῆς

ἐπιφανείας)는 "그 나타나심을 통하여"이며, 이는 그리스도께서 세상에 오심이 유일하고 귀함을 보여주는 말이며, "사망(死亡)을 폐하시고" "카탈게산토스 멘 톤 다나톤" (καταργήσαντος μεν τόν Θάνατον)은 "그 죽음을 폐하시고"이며, "그 죽음"은 인간의 죄로 인하여, 다 같이 죽어야 하는 영원한 죽음을 뜻하고, "폐하시고" "카탈게산토스" (καταργήσαντος)는 "카탈게오"(καταργίω) "폐한다, 멸한다"의 제1과거분사로, 그리스도께서 단번에 그리고 영원히 죽음을 폐하여 버리신 상태를 의미한다.

2) 복음으로써 생명과 썩지 아니할 영원한 생명을 주셨다.(10下)

"복음"은 그리스도의 죽으심과 부활과 승천으로 이루어진 것인데, 이것은 그리스도의 사역을 가리키는 것이다. "생명" "조예"(ζωή)는 그리스도의 영원한 생명을 의미할 뿐만 아니라, 슬픔과 고통이 없으며, 오직 사랑과, 행복과, 쉼과, 자유와, 평화가 끝없는 생명을 의미하고, "복음으로써" "디아 투 유앙겔리우"(διά τού εὐαγγελίου)는 "그 복음을 통하여"이며, 이는 그리스도의 십자가 구속(救贖)의 은총을 통하여, 그리스도의 생명이 드러남을 의미하며, "들어내신지라" "포티산토스"(φωτίσαντος)는 "포티조" (φωτίζω) "비친다, 밝힌다, 빛을 준다, 드러낸다"의 제1과 거분사로, 빛의 조명을 통하여 드러냄을 뜻한다. 그러므로 이 생명을 발견하고 얻으려면, 예수의 비춰는 생명의 빛으로 나오는 것이 필요하다.(요 3:16, 12:36)

3) 썩지 아니함을 드러내심(10절)

"썩지 아니할 것" "아프달시안"(ἀφθαρσίαν)은 썩지 않고 없어지지 않는 것을 뜻하는데, 이는 그리스도의 부활의 몸을 뜻하며, 성도들의 부활의 몸을 의미한다. 기독교는 인간의 영혼만 영원한 그리스도의 생명 속에서 사는 종교가 아니라, 우리의 썩은 육체까지도 썩지 않는 부활의 몸으로 변화되어, 늙거나 병들거나 죽지 않고 영원히 사는 것이다.

4. 목회자의 세 가지 사명(11절)

1) 메시지를 반포하는 사명(11절)

"위하여" "에이스"(εἰς)는 그리스도의 복음을 위하여 끝없이 전진하는 생을 전적으로 허비하고, 희생하는 상태를 뜻하며, "반포자" "케뤼크스"(κήρυξ)는 "선구자, 전도자, 선포자"라는 말로, 이것은 하나님의 복음을 듣고 무조건 널리 선포하는 것을 의미한다. 이것은 어디까지나 일방적이며, 주관적인 선포를 의미한다.

2) 보냄 받은 자로서의 사명(11절)

"사도" "아포스톨로스"(ἀπόστολος)는 "아포스텔로"(ἀ

-ποστέλλω) "보낸다, 내보낸다"는 말에서 왔다. 그러므로 (요 1:6)의 "하나님께로서 보냄을 받은 사람이 있으니" 에서 "보냄을 받은" "아페스탈메노스"(ἀπεσταμένος)는 하나님으로부터 특별한 사명을 띠고 보내진 상태를 뜻하고 있는데, 그것이 곧 사도이며 오늘의 주의 종이다.

3) 말씀을 가르치는 교사로서의 사명(11절)
 "교사" "디다스칼로스"(διδάσκαλος)는 "디다스코"(δι-δάσκω) "가르치다"라는 동사에서 온 말이다. 교사는 교인과 관계에서 복음의 진리를 가르치는 직분을 맡은 자이다. 바울은 (딤전 2:7)에, 이방인의 교사로 부르심을 받았다고 고백하였다.

 목회자는 언제나 겸허한, 그리고 인격을 가진 교사로서의 축복된 자리를 빼앗기지 말자! 왜냐하면 우리는 선포자와 사도와 교사로 세움을 입었기 때문이다.

 5. 고난을 받되 부끄러워하지 아니하였다.(12절)

1) 의뢰한 하나님을 알기 때문이다.(12절)
 의뢰한 하나님을 알고 확신하기 때문이다. "이를 인하여" "디 헨"(δι' ἥν)은 "이 복음 때문에"이며, "고난을 받는다" "파스코"(πάσχω)는 죽음에까지 이르는 깊은 고난을 받음을 의미하고, "나의 의뢰한" "페피스튜카"(πεπισ

-τευκα)는 "피스튜오"(πιστεύω) "믿는다, 맡긴다"의 완료 능동으로, 현재에 모든 것을 믿고 맡긴 마음의 신앙이 완료된 상태이며, "나의 의탁한 것" "파라데켄"(παραθήκην)은 남에게 맡긴 재산을 뜻하는데, 여기서는 바울의 전 생애를 의미하고 "알고" "오이다"(οἶδα)는 영적으로 깊이 인식하는 상태이며, "확신함이라" "페페이스마이"(πέπεισμαι)는 완료 수동으로, 성령에 의하여 하나님을 알게 되고 확신을 갖게 된 상태를 의미한다. 바울은 하나님께로부터 직분을 받았기 때문에 고난을 당해도 부끄러워하지 아니하였다.

2) 믿는 자에게 구원을 주기 때문이다.(12절)

"믿는 자에게" "터 피스튜온티"(τῷ πιστεύοντι)는 "그 믿고 있는 자에게"이며, 이는 믿음이 계속되는 상태를 뜻하고, "구원을 주는" "에이스 소테리안"(εἰς σωτηρίαν)은 "구원을 위하여, 구원을 향하여"라는 말로, 이는 계속(繼續)하여 깊어져 가는 구원을 의미하며, "능력" "뒤나미스"(δύναμις)는 그리스도의 십자가를 믿는 자를 차별 없이 구원하는 하나님의 능력을 의미한다.

C. 진리를 지킬 것을 권면함(1:13-14)

"13.너는 그리스도 예수 안에 있는 믿음과 사랑으로써 내게 들은바 바른 말을 본받아 지키고. 14.우리 안에 거

하시는 성령으로 말미암아 네게 부탁한 아름다운 것을
지키라"(1:13-14절).

  1. 믿음과 사랑으로 들은 것을 지킬 것이다.(13절)
  "바른말" "휘기아이논톤 로곤"(ὑγιαινόντων λόγον)은
"건강한 말씀, 건전한 말씀"이라는 말로, 순수한 하나님의
복음 적인 말씀을 뜻하는데 이와 같은 말씀으로 살아가려
면 예수 안에서의 믿음이 필요하다. "믿음으로써" "엔 피
스테이"(ἐν πιστει=in faith)는 그리스도 안에 있는 믿음
을 뜻하고, "그리스도 예수 안에 있는" "테 엔 크리스토
예수"(τῇ ἐν Χρστῷ Ἰησού)는 "테"(τῇ)라는 단수 여성관
사 여격이 앞에 놓여서, 반드시 예수 그리스도 안에 있는
믿음, 곧 그리스도를 믿는 그 믿음만을 강조하고 있다.
"사랑으로써" "엔 아가페"(ἐν ἀγάπη)는 사랑을 통해서
말씀을 수행하는 삶을 살아갈 수 있음을 의미하는데, 그
사랑은 그리스도 예수 안에 있는 것이다. "내게 들은 바
를 지키고"란 사도들이 전한 "정통(正統) 교리를 보수하
라"는 것이다. 진리의 종들은 이 복음을 생명을 바쳐 지켜
나갔던 것이다.

  2. 우리 안에의 성령으로 사는 삶(14절)
  "성령으로 말미암아" "디아 프뉴마토스 하기우"(διὰ
πνεύματος ἁγίου)는 "성령을 통하여"이며 이는 오직 성령

을 통해서만, 하나님의 말씀으로 사는 삶을 살아갈 수 있음을 의미하고, "우리 안에 거하시는"에서 "거하시는" "에노이쿤토스"(ἐνοικούντος)는 "에노이케오"(ἐνοικέω) "산다, 거주한다, 들어와 머문다"의 현재분사로, 성령 하나님이 계속 우리 안에 와, 삶 속에 머물러 계심을 의미한다. 이와 같이 성령이 우리 안에 그리고 우리의 삶 속에 함께 머물지 않고는, 우리가 복음을 위해서, 복음의 말씀으로 사는 삶을 살아가는 것이 불가능한 것이다. 고로 성령을 충만히 받을 것이다.

D. 믿음의 배반자와 믿음을 지킨 자의 예(1:15-18)

"15.아시아에 있는 모든 사람이 나를 버린 이 일을 네가 아나니 그 중에 부겔로와 허모게네가 있느니라. 16. 원컨대 주께서 오네시보로의 집에 긍휼을 베푸시옵소서 저가 나를 자주 유쾌케 하고 나의 사슬에 매인 것을 부끄러워 아니하여. 17.로마에 있을 때에 나를 부지런히 찾아 만났느니라. 18.(원컨대 주께서 저로 하여금 그 날에 주의 긍휼을 얻게 하여 주옵소서) 또 저가 에베소에서 얼마큼 나를 섬긴 것을 네가 잘 아느니라."(1:15-18)

지금까지 디모데에게 권면한 바울은 이제 자신의 신변 사정에 대해 언급한다. 그것은 친구의 이탈로 인한 슬픈 일(15절)과 충성된 교우가 주는 기쁜 일(16-18절)이다. 이러한 일들은 바울에게만 있는 것이 아니고, 오늘날까지 전도자가 경험하고 있으며, 주님 오시는 그 날까지 계속 될 것이니 참고 나아가야 한다.

1. 바울을 배반 한 사람이 있다.(15절)

1) 아시아에 있는 모든 사람이다.(15 上)

"아시아"란 에베소를 수도로 하는 로마의 한 주를 가리킨다. 이곳에 디모데가 거주하였다. 바울은 제3차 전도여행 중 에베소에서 3년 머물렀기 때문에(행 20:31) 아시아의 많은 사람을 알고 있었고, 친지들도 있었다고 한다. "그러나 아시아에 있는 모든 사람"이 바울을 버렸다. 여기서 버린 사건은 그가 재판을 받을 때 로마에 있는 그리스도인들이 그를 변론(辯論)치 않은 것이라고 하겠으나, 그가 체포되었을 때에, 그에 대한 원조를 거절한 것을 암시한다. 여기서 "모든 사람"은 바울의 서운한 마음을 강조하는 말이다.

2) 주의 종을 유쾌하게 하는 자(16절)

"긍휼" "엘레오스"(ἔλεος)는 "자비, 불쌍히 여김, 긍휼"이라는 말로, 여기서는 주의 종을 기쁘게 하는 자에게 베풀어지는 주의 은혜와 축복을 뜻하며 "유쾌케 하고" "아네프쉬크엔"(ἀνέφυξεν)은 "아나프쉬코"(ἀναφύχω) "숨을 돌릴 시간을 준다, 소생시킨다, 회복시킨다”의 제1과거로, 보상을 바라지 않는 단순한 마음으로 바울에게 용기와 위로를 준 것을 뜻하며, “자주” “폴라키스”(πολλάκις)는 “폴뤼스”(πολύς) “많다”는 말에서 온 것으로, 바울을 기쁘게 하며, 용기와 위안을 준 일이 빈번함을 의미한다.

3) 주의 종을 부지런히 만나는 자(17절)

“부지런히” “스푸다이오스”(σπουδαίως)는 “부지런히, 열심히, 진심(眞心)으로”라는 뜻이며, “찾아” “에제테센”(ἐζήτησεν)은 “제테오”(ζητέω) “찾는다, 애쓴다, 찾아 헤맨다”의 제1과거로, 단순히 바울을 위해서 찾아 만난 것을 의미한다. “오네시보로”(’Ονησιφορος)는 “이익을 가져오는 자”란 의미이다. 그는 옥에 갇힌 바울을 부지런히 찾아와 위로할 뿐 아니라, 당시 수치로 여겼던 사슬에 매인 바울을 부끄럽게 여기지 아니하였던 것이다.

4) 주의 종을 섬기는 자(18절)

“그 날에” “엔 에케이네 테 헤메라”(ἐν ἐκείνῃ τῇ ἡμ -έρᾳ)는 “저 날 안에”라는 말로, 주의 재림(再臨)의 날을 뜻하며, “섬긴 것” “디에코네센”(διηκόνησεν)은 “디아코네오”(διακονέω) “식사 시중을 한다, 섬긴다, 돌본다, 돕는다”의 제1과거 능동으로, 단순히 바울을 돌보고 섬긴 것을 뜻하며, 특별히 물질적으로 돕고 시중든 것을 의미한다. 이와 같이 그리스도의 종을 섬길 때에, 무조건 순진한 마음으로 섬기고 돌볼 것이며, 물질로 궁핍함이 없도록 항상 도울 것이다.

Ⅲ. 인내할 것을 권면함(2:1-13)

A. 그리스도를 위한 고난을 인내함(2:1-7)

"1.내 아들아 그러므로 네가 그리스도 예수 안에 있는 은혜 속에 강하고. 2.또 네가 많은 증인 앞에서 내게 들은 바를 충성된 사람들에게 부탁하라 저희가 또 다른 사람들을 가르칠 수 있으리라. 3.네가 그리스도 예수의 좋은 군사로 나와 함께 고난을 받을지니. 4.군사로 다니는 자는 자기 생활에 얽매이는 자가 하나도 없나니 이는 군사로 모집한 자를 기쁘게 하려함이라. 5.경기하는 자가 법대로 경기하지 아니하면 면류관을 얻지 못할 것이며. 6. 수고하는 농부가 곡식을 먼저 받는 것이 마땅하니라. 7.내 말하는 것을 생각하라 주께서 범사에 네게 총명을 주시리라."(2:1-7)

2:1절 디모데의 안수 받은 일, 바울 자신의 예 및 다른 사람들의 예에 대해 이야기한 후, 바울은 "내 아들아" "테크논"($\tau\acute{\epsilon}\chi\nu o\nu$)은 애정 어린 표현이다. 그러므로 네가 강

하라(문자적으로는 "능력을 받으라"는 뜻, 엡 6:10 참조)고 직접 명하였다. 그러나 디모데의 힘은 그 자신의 것이 아니었고, 오직 그리스도 안에서만 발견되는(빌 4:13) 하나님의 "은혜" "카리스"(χάρις)였다.

2:2절 바울과 함께 여행하면서 디모데는 바울의 메시지가 매우 다양한 계층의 청중에게 전해지는 것을 들었다. 이 다양한 청중들 속에서도 바울의 메시지의 진수는 변하지 않았다. 바울이 디모데에게 개인적으로 가르친 것도 역시 동일한 진리들이었다. "많은 증인 앞에서" "디아 폴론 말튀론"(διά πολλών μαρτύρων)은 "많은 증거들을 통하여"이며, 이는 바울이 전한 서신들을 뜻하고, "충성된 자들에게" "피스토이스 안드로포이스"(πιστοίς άνθρώποις)는 "신실한 자들에게, 믿을만한 자들에게, 맡길만한 자들에게"이며, "부탁하다" "파라티데미"(παρατίθημι)는 "내어준다, 넘겨준다, 위탁한다, 보여준다"는 말로, 바울이 디모데에게 가르쳐서 말씀을 위탁함으로 저희들로 또 다른 사람들을 가르쳐 제자를 삼는 것을 의미한다.

2:3절 바울과 함께 고난을 받을 것이다. 디모데도 하나님의 진리에 충실하기 위해서는, 바울의 경우와 마찬가지로 고난(苦難)을 당해야만 했다. "나와 함께 고난을 받으라" "성카코파데손"(συΥκακοπάθησον)은 "성카코파데오"(συΥκακοπαθέω) "함께 수난 받는다, 함께 어려움을 겪

는다"의 제1과거 능동 명령으로, 단순히 무조건 모두 함께 고난을 받아야 됨을 의미한다. 이것은 그리스도와 함께, 혹은 복음과 함께, 그리고 믿는 신자들과 함께, 또한 동역자들과 함께 고난을 받으라는 의미일 것이다.

2:4절 그리스도의 군사로 모집(募集)된 자는? "자기의 생활에" "토이스 투 비우 프라그마테이아이스"(τοίς τού βίου πραγματείαις)는 "자기의 그 삶의 직업에, 사업에"이며, "얽매이는" "엠프레캐타이"(ἐμπλέκεται)는 "엠프레코"(ἐμπλέκω) "얽히게 한다, 얽매인다, 붙잡힌다, 휩쓸린다"의 현재 수동으로, 얽매이지 않는다는 것은, 하나님의 일을 하는 자는 자기의 개인적인 사업이나, 직업에 붙잡히거나 휩쓸릴 수 없다는 의미이다. "군사로 모집한 자" "토 스트라톨로게산티"(τῷ στρατολογήσαντι)는 아무런 공로도 없는 자를 사랑과 은혜로써 군사로 불러주신 자를 뜻하며, "기쁘게 하다"의 "아레스코"(ἀρέσκω)는 "기쁘게 하려고 노력한다"이며, 형용사 "아레스토스"(ἀρεστός)는 "기뻐하는, 만족한, 뜻에 맞는, 합하는, 기분 좋은"이라는 말로, 하나님을 기쁘시게 한다는 말은, 결국 하님의 뜻을 따르는 것을 의미한다.

2:5절 경기하는 고난(5절) 운동선수 중 올림픽 선수는 아무나 할 수 없다. 피나는 노력의 결과가 있어야 하며, 또 경기에서 졌을 때는 훈련이 부족했다고 말한다. "법대로"

"노미모스"(νομίμος)는 올림픽 경기를 비유로 말씀한 것이다. 이것은 누가 경기에 참여할 자격이 있는가 하는 것보다는, 경기에 참여한 사람들 중에서 누가 면류관을 얻을 것인가 하는 것이, 여기서의 쟁점(爭點)임을 보여 준다.

모든 경기에는 그 규칙이 있게 마련이다. 게다가 이 규칙을 준수하면서 경기하도록 훈련받지 못한 사람은 실격될 수밖에 없다. 바울은 디모데가 실격되지 않고 면류관을 얻도록 경주하기를 원했다.(딤후 4:7-8) 이것은 그리스도인들이 강력한 자기 훈련과, 절제와, 인내심과, 강인함을 가져야 할 것을 가르친다.

2:6절 농부의 고난(6절) 농부의 고난은 참으로 견디기 어려운 육체적 노동이다. 이렇게 목회자는 군인과 같고, 운동선수와 같고, 농부와 같으니, 이들은 다 고생을 하는 직업이요, 편한 직업이 아니다. 그러므로 목회자는 고난 받을 각오가 있어야 한다. 여기서 강조하는 점은, 게으르고 나태한 사람과 대조해서 "수고"라는 말에 있다.

부지런한 군인은 지휘관의 칭찬을 받게 되고, 부지런한 운동선수가 승리를 얻게 되며, 부지런한 농부가 많은 곡식을 먼저 거두게 된다. 승리란 엄격한 훈련(1:7)과 부지런함과 일편단심의 태도를 통하여 얻어진다는 것을 보여 준다는 점에서, 세 가지 비유는 공통점을 가진다.

2:7절 스승의 말을 생각하여야 한다. 이는 바울의 교훈을 마음에 두고 생각할 때에 주께서 그에게 총명을 주셔서 이해하게 하실 것임을 나타낸다. 총명이 부족할 때 하나님께 구하면 주신다.(약 1:5) 그리고 우리는 나를 지도하시는 스승의 말씀뿐 아니라, 하나님의 말씀을 언제나 기억해야 하겠다. 바울은 주께서 명상과 숙고를 통해 디모데에게 바울의 가르침에 대한 "총명" "쉬네신"(σύνεσιν) "이해"를 주실 것을 확신하면서, 내 말하는 것을 생각하라고 요청하였다.(약 1:5)

B. 인내의 본이 되신 그리스도(2:8-10)

"8.나의 복음과 같이 다윗의 씨로 죽은 자 가운데서 다시 살으신 예수 그리스도를 기억하라. 9.복음을 인하여 내가 죄인과 같이 매이는 데까지 고난을 받았으나 하나님의 말씀은 매이지 아니하니라. 10.그러므로 내가 택하신 자를 위하여 모든 것을 참음은 저희로도 그리스도 예수 안에 있는 구원을 영원한 영광과 함께 얻게 하려 함이로라."(2:8-10)

1. "복음이신 예수 그리스도를 기억하라" 하였다.(8절)
여기서 '나의 복음'이란 바울이 그리스도에게서 받아 전파하는 복음을 의미한다. 이는 유대인이나 이방인(異邦人)의 차이가 없이, 믿음으로 의롭게 되는 예수 그리스도에 관한 복음인 것이다.

1) 다윗의 씨를 기억해야 한다.(8절)

"다윗의 씨"란 메시야가 다윗의 후손으로 오신다는 뜻으로, 이는 뿌리 깊은 유대인의 신앙이다.(삼하 7:12-13; 시 89:28, 132:17; 행 3:30; 롬 1:3) 그리고 '다윗의 씨'란 그리스도의 육적인 혈통을 강조한 말로, 예수 그리스도의 인성을 나타내는 것이다.(빌 2:7; 롬 1:3)

2) 죽은 자 가운데서 살으신 예수를 기억하라.(8 下)

"죽은 자 가운데서 다시 살으신"이란 예수 그리스도는 인류를 위하여 죽으시고 다시 부활하심으로 말미암아, 믿는 자들에게 영생을 주셨음을 말씀한다.(고전 15:20-25) 또한 부활을 통하여 그리스도 자신의 신성을 분명히 드러내셨다. "기억하라"한 것은 앞서 생각하라는 말과 통하는데, 이는 바울의 교훈을 생각하고, 그리스도를 기억하라는 것이다. 그 당시 이단자들에 대하여, 바울이 전한 복음을 기억함으로 물리칠 수 있는 것이다. 오늘날 갈라디아교회와 같이 처음에는 잘 믿다가 복음이 아닌 이단에 미혹을 받는 일이 있다. 그러나 바울이 전한 예수 그리스도의 복음을 기억하면 믿음에 굳게 설 수가 있다. 우리는 예수 그리스도의 복음을 확실히 믿고 살아가야 할 것이다.

3) 복음의 말씀은 박해에도 매이지 아니했다.(9절)

여기서 바울 자신은 감옥에 갇혀있다 할지라도, 하나님의 말씀은 매이지 않았으며, 만방에 전파된 것이다. "하나님의 말씀이 매이지 않고 있다"고 한 것은 바울은 옥중에서도, 쉬지 않고 복음을 전하고 있었음을 염두에 둔 것이라 하겠다. 바울이 감금되었다고, 복음까지 감금된 것이 아님을 말씀하는 것이다.(빌 1:12-13)

"복음을 인하여" "엔 호"(ἐν ᾧ=in which, for which)는 "복음 안에서, 복음 때문에, 복음을 위하여"이며, 이는 바울의 삶의 목적이 복음 안에 있었음을 의미한다. "복음의 진보가" "에이스 프로코펜 투 유앙겔리우"(εἰς προκ-πὴν τού εὐαγγελίου)는 "복음의 진보를 위하여, 복음의 추진을 위해서, 복음의 전진을 향하여"이며, 이는 복음의 부흥과 발전과 진보로 끝없이 나아가는 상태를 의미한다. 그러나 복음 때문에, 복음을 통하여, 그리고 복음의 진보를 위하여 사는 자는, 내적인 고통과 외적인 감옥에 매이는 데까지 고난과 고통을 받아야함을 명심할 것이다.

4) 택하신 자들의 구원을 위하여 참았다.(10절)

"택하신 자를 위하여" "디아 투스 엑크렉투스"(διὰ τοὺς ἐκλεκτούς)는 "택함 받은 자들 때문에"이며, 이는 사명자가 고난 받는 것이 하나의 예정(豫定)된 것처럼 보이며, "구원" "소테리아"(σωτηρία)는 영과 육의 구원을 뜻하는바, 그런데 그 구원은 영원(永遠)한 영광(榮光)과 함께 있다. "영원한 영광과 함께" "메타 독쎄스 아이오니우" (μετὰ δόξης αἰωνίου)는 "함께" "메타"(μετά)가 앞에 나와서 그리스도의 영원한 부와 영광과 생명이 영원히 함께 함을 강조(强調)한다. "참으면"의 "참는다" "휘포메노"(ὑπομένω)는 "남아 있다, 머물러 있다, 견딘다, 기다린다"이며, 이는 고난과 고통 속에서 도망가지 않고 머물러 있는 것을 뜻한다. 이와 같은 미래의 희망 때문에, 바울은 그리스도를 위해 받는 모든 시험과 고난을 기쁘게 받았다. "모든 것을 참음"은 바울은 하나님의 선택 자들을 위하여 복음을 전했고, 그에 따르는 환난과 핍박을 기쁨으로 감수하고 인내하였다는 것이다.(엡3:1; 빌2:17)

C. 미쁘신 말씀을 사모했다.(2:11-13)

"11.미쁘다 이 말이여, 우리가 주와 함께 죽었으면 또한 함께 살 것이요. 12.참으면 또한 함께 왕 노릇할 것이요 우리가 주를 부인하면 주도 우리를 부인하실 것이라. 13.우리는 미쁨이 없을 찌라도 주는 일향 미쁘시니 자기를 부인하실 수 없으시리라."(2:11-13)

2:11-13절은 4개의 대구(對句)로, 아마 초대교회의 찬송 중에 하나일 것이다. "미쁘다 이 말이여"에서 "미쁘다"

"피스토스"(πιστός)는 "믿을만하여, 신뢰한다."는 뜻이다. 이 아래 4개의 대구는 진실한 것임을 찬양하는 표현이다. 그러면 미쁜 것은(믿을 것은)……

1. 우리가 주와 함께 죽었으며 또한 함께 살 것이다.(11절)

이는 우리가 예수님의 십자가 위에서 주와 함께 죽었다면, 확실히 내세의 부활에 참여하게 될 것을 가리킨다. 즉 그리스도와 함께 죽으면 그리스도께서 다시 사신 것처럼 그리스도와 함께 살게 됨을 의미한다. 이것은 미래의 부활뿐 아니라 현재의 삶인 것이다. 주와 동행하고 나아갈 때 또한 주와 함께 영원히 살게 된다.

2. 참으면 또한 함께 왕노릇할 것이다.(12절)

"참으면"의 "참는다" "휘포메노" (ὑπομένω)는 "남아 있는다, 머물러 있다, 견딘다, 기다린다"이며, 이는 고난과 고통 속에서도 도망가지 않고 머물러 있는 것을 뜻하며, "함께 왕노릇할 것이요" "쉼바실류오"(συμβασιλεύω)는 "함께 다스린다, 함께 왕노릇한다"는 말로, 이는 그리스도의 재림 후에 우리가 그와 함께 왕노릇할 것을 의미한다.

바울은 왕 노릇할 것을 믿었다. 이는 그리스도를 위하여 고난을 받고, 참는 성도들은 장차 주의 나라가 이루어질 때 주와 함께 만민을 지배하는 왕이 된다. (마 24:13)에

"끝까지 견디는 자는 구원을 얻으리라." (롬 8:17)에 "영광을 받기 위하여 고난도 함께 받아야"한다고 했다. (계 20:4)에 "그리스도와 더불어 천년동안 왕노릇하리라"했다. "왕노릇할 것이요" 이것은 고난 받은 성도가 내세에 들어가서 그리스도와 함께 만물의 후사가 된다는 것이다. 즉 지배권(히 1:2)을 가진다는 것이다.(눅 22:28-30; 마 24:13; 롬 8:17; 행 14:22; 살전 1:5; 계 20:4)

3. 우리가 주를 부인하면 주도 우리를 부인하실 것이다.(12 下)

여기서 "부인한다"란 베드로가 일시적으로 부인한 부인이 아니라, 영구적으로 부인하는 것을 말한다. 주를 부인하는 것은 믿음을 떠남이요, 이런 자들은 주께서 심판하실 때 멸망을 당할 것이다.(벧후 2:1; 유1:4)

4. 미쁘신 주님을 믿는 것이다.(13절)

"우리는 미쁨이(진실) 없을지라도 주는 일향(언제나) 미쁘시니(진실) 자기를 부인(약속하신 것)하실 수 없으시리라." 인간은 사실 진실하다고 하지만, 그 약속을 믿을 수 없을 때가 많다. 그러나 우리 주님은 항상 진실하시니, 그 약속을 어길 수가 없다. 그러므로 우리는 언제나 주를 믿고 살 수가 있는 것이다. "우리는 미쁨이 없을지라도" "에이 아피수트멘"($\varepsilon\grave{i}$ $\dot{\alpha}\pi\iota\sigma\tauo\acute{u}\mu\varepsilon\nu$)은 "우리는 신실치 못

할지라도”이며, “주는 일향 미쁘시니” “카케이노스 피스
토스 메네이”(κακεῖνος πιστός μένει)는 “주는 계속 신실
하시며”이고, 이는 그리스도께서 계속하여 신실함에 머물
러 계심을 의미한다.

IV. 선한 일꾼의 표적(2:14-26)

A. 사역에 충실함(2:14-19)

“14.너는 저희로 이 일을 기억하게 하여 말다툼을 하지
말라고 하나님 앞에서 엄히 명하라 이는 유익이 하나도
없고 도리어 듣는 자들을 망하게 함이니라. 15.네가 진
리의 말씀을 옳게 분변하며 부끄러울 것이 없는 일군으
로 인정된 자로 자신을 하나님 앞에 드리기를 힘쓰라.
16.망령되고 헛된 말을 버리라 저희는 경건치 아니함에
점점 나아가나니. 17.저희 말은 독한 창질의 썩어져감과
같은데 그 중에 후메내오와 빌레도가 있느니라. 18.진리
에 관하여는 저희가 그릇되었도다 부활이 이미 지나갔다
하므로 어떤 사람들의 믿음을 무너뜨리느니라. 19.그러나
하나님의 견고한 터는 섰으니 인침이 있어 일렀으되 주
께서 자기 백성을 아신다하며 또 주의 이름을 부르는 자
마다 불의에서 떠날지어다 하였느니라.”(2:14-19)

이는 이단자와 대조되는 착한 일꾼이 될 것을 가르친다. 본문에서는 목회자 자신이 먼저 흔들리지 말아야 할 것과 교회를 정신적 혼란으로부터 지켜야 할 것을 강조하고 있다. 이렇게 하려면 참된 일꾼이 있어야 한다.

1. 다툼을 말아야 한다.(14절)

"말다툼" "로고마키아"(λοYομακια)는 16절의 망령되고 헛된말을 의미하며, "망령된 말" "베베루스"(βεβήλους)는 "세속적이며, 더러우며, 경건치 못한 말"들을 뜻하며, "헛된 말" "케노포니아스"(κενοφωνίας)는 "잡담, 농담"을 의미하고, "이는 이익이 하나도 없고" "에프 우덴 크레시몬"(ἐπ' οὐδὲν χρήσιμον)은 이익과 가치가 전혀 없는 것을 의미한다. 이와 같이 우리는 교회 안에서 쓸데없는 농담이나, 속된 말을 잘하는 자들이 어떠함을 잘 안다. 고로 (엡 5:4)에 "누추함과 어리석은 말이나 희롱의 말이 마땅치 아니하니"라고 했다.

2. 진리를 분별해야 한다.(15 上)

"진리(眞理)의 말씀을" "톤 로곤 테스 알레데이아스"(τὸν λόYov τῆς ἀληθείας)는 "그 진리의 그 말씀을"이며, 이는 하나밖에 없는 절대적(絶對的)인 진리의 말씀, 곧 그리스도의 말씀을 뜻하며, "옳게 분변하며" "올도토문타"(ὀρθοτομούντα)는 "올도토메오"(ὀρθοτομέω) "바르게 본다"의 현재분사로 계속하여 하나님의 말씀을 바르고 건전하게, 해석하며 가르치는 것을 의미한다.

3. 부끄러울 것이 없어야 한다.(15 中)

"인정된" "도키몬"(δόκιμον)은 "품성, 인격, 자격, 신분, 시련"이란 뜻으로 부끄러울 것이 없는 일꾼으로 합격된 상태를 의미한다.

4. 하나님께 드리기를 힘쓰라.(15 下)

"부끄러운 것이 없는 일군으로 인정된 자로 하나님께 드리기를 힘쓰라"고 하였다. "하나님 앞에" "토 데오"(τῷ Θεῷ=to God)는 "하나님께"이며, 이는 하나님에게 소유된 상태(狀態)를 뜻하고, "드리기를" "파라스테사이"(παραστήσαι =to present)는 "파리스테미"(παρίστημι) "맡긴다, 마음대로 하게 한다, 바친다, 드린다."의 제1과거 부정사로, 하나님께 단번에 그리고 영원(永遠)히 맡기고 드려서, 하나님께서 마음대로 하게 하심을 뜻하며, "힘쓰라" "스푸다손"(σπούδασον)은 "진심으로 노력하라"는 의미이다. 그러므로 바울은 (롬 12:1)에 "너희 몸을 하나님이 기뻐하시는 거룩한 산제사로 드리라"고 했다.

5. 망령되고 헛된말을 버려야 한다.(2:16-19)

1) 독한 창질과 같다.(16-17)

16절에 "망령(妄靈)되고 헛된 말"에 "망령된""베베루스"(βεβηλους)는 "속된 더러운, 세속적인, 경건치 않은" 것으로 불신앙적인 것을 뜻하고 "헛된 말""케노포니아스"(κενοφωνιας)는 더럽고 추잡한 잡담이나, 농담을 의미한다. 하나님을 분간하지 못하므로 망령되었고, 거룩하지 않은 것이다. "헛된 말"은 무익한 족보에 대하여 모든 상상으로 신화를 붙이는 유대 랍비들의 헛된 교훈들을 가리킨다.(딤전 1:6) 또한 이것은 내용이 없고, 거짓되므로 헛된 것이다. 그리고 저들은 점점 경건치 않은 것으로 나아갔다. 이들의 가르침과 행위는 날마다 무가치하고, 경건치 않은 타락의 길로 나아가니 경계해야 한다.

17절에 "독한 창질" 이것은 매우 "독한 종기"이다. 이 병에 걸린 자는 급히 살이 썩어가고, 얼마 못가 죽게 되는 무서운 질병이다. 이렇게 이단은 위험하여, 거기에 오염된 자는 그 영혼이 죽어 가는 자리에 빠지게 된다. 그러므로 우리는 이단을 피하고 접촉도 말아야 한다. (딤전 1:20)에 "후메내오와, 알렉산더"가 바로 그들인 것이다. 이들은 "사단에게 내어준바 되었으며"라고 하였으니, 이들이 더 활동하지 못하도록 한 것이다.

2) 진리에 대하여 그릇되었다.(18절)

본 절에서는 위의 두 이단자(異端者)들에 대하여 말한다. 이들이 진리에 대하여 "그릇되었다"함은 이들이 부활이 이미 지나갔다 하므로 많은 사람들의 믿음을 무너뜨렸기 때문이다. "부활이 이미 지나갔다" "텐 아나스타신 에데 게고네나이"(τὴν ἀνάστασιν ἤδη γεγονέναι)는 "그 부활이 이미 있었다"이며, 이는 그리스도의 부활이 한번 있었던 것으로 끝나버린 상태를 뜻하고, "하므로" "레곤테스"(λέγοντες)는 "말하므로"이며, 이는 그리스도의 부활이 있었기는 하나, 믿는 자의 부활은 없다고 계속 습관적으로 말을 되풀이하는 상태이며, "믿음을" "텐 피스틴"(τὴν πίστιν)은 "그 믿음을"이며 이는 그리스도의 부활을 믿는 믿음을 뜻하고, "무너뜨리느니라" "아나트레프신"(ἀνατρέπουσιν)은 "넘어지게 한다, 뒤집는다, 뒤흔들어 놓는다, 망친다"는 의미이다. 고로 부활을 믿지 않는 신앙은 죽은 것이다.

3) 불의에서 떠나야 한다.(19절)

"그러나 하나님의 견고한 터는 섰으니"란 교회가 그의 선택의 은혜로 확립되어 있음을 말씀한다. 이단으로 멸망받는 자 많으나, 하나님의 은혜로 선택받은 자들은 언제나 견고히 서서 구원에 참여하여 떨어지지 않는다. "그러나 하나님의 견고한 터는 섰으니 인침이 있어 일렀으되 주께서 자기 백성을 아신다 하며 또 주의 이름을 부르는 자마다 불의에서 떠날지어다 하였느니라” 여기 있는 말씀은 (민 16:5; 사 52:11)에서 의미를 취하여 인용된 듯하다. 이것은 교회를 향한 하나님의 확실한 언약과 요구를 알려준다. ① 그 언약은(19 中) “그가 그 백성을 아신다는 것이요”(요 10:15), 하나님께서 아신다는 것은 그가 영원히 버리지 않고 사랑하심을 말한다. ② 그리고 그의 요구는 (19 下) 그 백성더러 거룩히 행하라는 것이다. 성결이 구원받을 조건은 아니나, 선택되어 구원받은 자가 당연히 지킬 책임인 것이다.(고후 6:14)

B. 깨끗한 그릇(2:20-21)

“20. 큰집에는 금과 은의 그릇이 있을 뿐 아니요 나무와 질그릇도 있어 귀히 쓰는 것도 있고, 천히 쓰는 것도 있나니. 21.그러므로 누구든지 이런 것에서 자기를 깨끗하게 하면 귀히 쓰는 그릇이 되어 거룩하고 주인의 쓰심에 합당하며 모든 선한 일에 예비함이 되리라.”(2:20-21)

20절에서 그릇들을 가지고 우리 신자들을 교훈한다. 여기서 “큰집”은 하나님의 교회를 가리킨다.(엡 2:21-22) 세상에는 많은 집들이 있고, 그 집의 용도도 다양하다. 사람이 사는 집이 있고, 짐승이 사는 집이 있고, 물건을 보관하는 집이 있다.

1. 그릇의 종류가 있다.(20절)

1) 금 그릇, 은그릇, 나무그릇, 질그릇이 있다.(20절)

이는 교회 안의 신자들이 받은 은사들이다. 이와 같이 교회 안에는 각이한 은사들이 있다. 각이한 많은 은사를 가진 이들이 있는 것이다.

2) 귀히 쓰는 그릇이 있고 천히 쓰이는 그릇이 있다.(20 下)

이 비유의 배경은 (사 52:11; 롬 9:4; 고전 3:12)등에서 볼 수 있다. 우리가 우선 귀히 쓰는 그릇은 금과 은그릇이요, 천히 쓰는 그릇은 나무와 질그릇이 분명하다. 그러나 본문의 정신은, 금 그릇이나, 은그릇같이 가치 있는 것이라고 무조건 사용할 수는 없다는 것이다. 내가 이렇게 많이 배웠으니, 알고 있으니, 내가 이만하면 되었다는 사람과, 된 자들이라도 조건이 있다. 그 조건은 아래와 같다.

2. 자기를 깨끗케 하는 그릇들이다.(21절)

1) 귀히 쓰이는 그릇이 되기 위함(21절)

"이런 것에서" "아포 투톤"(ἀπὸ τούτων=from these)은 지금까지 말한 "말다툼, 변론, 잡담, 불경건, 불신앙, 부활이 지나갔다 하는 말"등을 가리키며, "깨끗하게 하다" "엑카다이로"(ἐκκαθαίρω)는 불순한 것을 잘라내고, 뽑아 버리는 상태를 뜻하고, "귀히 쓰는 그릇이 되어" "에스타이 스큐오스 에이스 티멘"(ἔσται σκεῦος εἰς τιμήν) 은 "존경 받는(가치 있는) 그릇이 되리라, 고상(高尙)한 목적을 위한 도구가 되리라"이며, "거룩하고" "헤기아스메논"(ἡγιασμένον)은 "하기아조"(ἁγιάζω) "거룩하게 한다, 봉헌한다, 성별한다, 바친다"의 완료 수동분사로, <u>하나님께 분리되어 바쳐진 것을 의미한다. 이와 같이 우리가 깨끗해 진다는 것은, 우리가 하나님의 것으로 구별되고 바쳐진 것을 뜻하며, 하나님께 자신을 봉헌할 때에 비로소 거룩하고 구별되며, 가치 있고 존경받는 일꾼이 된다는 뜻이다.</u>

2) 주인의 쓰심에 합당하기 위함(21절)

"주인의 쓰심에 합당하며" "유크레스톤 토 데스포테"(εὔχρηστον τῷ δεσπότῃ)는 "그 주인에게 유용하며, 주인에게 오래 쓸 수 있으며"이다. 이와 같이 자기 자신을 세상과 분리시켜 자신을 하나님께 봉헌(奉獻)하는 자만이 하나님이 오래도록 가치 있게 쓰시는 일꾼이 될 수 있다는 뜻이다.

3) 모든 선한 일에 예비함이 되기 위함(21절)

"모든 선한 일에" "에이스 판 엘곤 아가돈"(εἰς πάν

ἔργον ἀγαθόν)은 "모든 선한 일을 향하여, 모든 선한 일을 행하기 위하여"이며, 여기서 "선한 일"은 그리스도를 위한 일을 뜻하고, "예비(豫備)함이 되리라" "헤토이마스메논"(ἡτοιμασμένον)은 "헤토이마조"(ἑτοιμάζω) "준비한다, 예비한다"의 완료 수동분사로, 이미 어떠한 선한 일도 행할 수 있도록 만반의 준비가 되어 있는 것을 의미한다. 그러므로 (엡 2:10)에 "우리는 그의 만드신 바라 그리스도 예수 안에서 선한 일을 위하여 지으심을 받은 자니 이 일은 하나님이 전에 예비하사 우리로 그 가운데서 행하게 하려 하심이시니라."고 말씀했다.

C. 행위의 신실함(2:22-26)

"22.또한 네가 청년의 정욕을 피하고 주를 깨끗한 마음으로 부르는 자들과 함께 의와 믿음과 사랑과 화평을 좇으라. 23.어리석고 무식한 변론을 버리라 이에서 다툼이 나는 줄 앎이라. 24.마땅히 주의 종은 다투지 아니하고 모든 사람을 대하여 온유하며 가르치기를 잘하며 참으며. 25.거역하는 자를 온유함으로 징계할지니 혹 하나님이 저희에게 회개함을 주사 진리를 알게 하실까 하며. 26.저희로 깨어 마귀의 올무에서 벗어나 하나님께 사로잡힌바 되어 그 뜻을 좇게 하실까 함이라."(2:22-26)

1. 청년의 정욕을 피해야 한다.(22 上)

"또한 네가 청년의 정욕을 피하고"에서 "청년" "네오
테리카스"(νεωτερικάς)는 시간적으로 새로운 존재를 뜻하
며, 히브리어의 "청년" "바후르" (בָּחוּר)은 "선택자, 탁월
한 자"라는 의미이고, 그리고 히브리어의 "청년" "알루
밈" (עֲלוּמִים) "무한한 미래의 가능성을 가진 자"를 뜻한
다. 그러나 정욕을 피하지 않으면 실패한다. "정욕" "에피
뒤미아스"(ἐπιθυμίας)는 "욕망, 동경, 사모, 욕심, 정욕"
의 복수로, 청년들이 가진 많은 욕심과 욕망을 의미하는
데, 특히 "세상적인 헛되고 공허(空虛)한 이상과 꿈"을 의
미하며 "피하고" "퓨게"(φεῦγε)는 "피하라"는 명령으로,
반드시 정욕을 피하지 않으면 안 되는 절대적이며, 적극적
인 권고를 의미한다.

2. 의와 믿음과 사랑과 화평을 좇아야 한다.(22 下)

"의" "디카이오쉬네"(δικαιοσύνη)는 "의, 옳음, 정의,
자비"라는 뜻인데, 본문에서는, 하나님의 말씀을 바르게
해석하며, 가르치는 진리의 말씀을 의미한다. 그러므로 의
를 추구하는 것이 필요(必要)하다. 여기서 "좇는다" "디오
코"(διώκω)는 "갈망한다"는 말이니, 진리의 말씀을 사모할
것이다. "믿음" "피스틴"(πίστιν)은 "믿음을" 이라는 말
이며, "믿음을 좇으라"는 말은, 결국 그리스도를 믿는 믿
음을 따르라는 의미이다. "사랑" "아가펜"(ἀγάπην)은 "사

랑을"이라는 말이며, 이는 조건 없이 사랑하는 그리스도의 은혜의 사랑을 뜻하고, "사랑을 좇으라"는 말은 사랑을 따르며 사랑으로 살라는 의미이다.

"화평" "에이레네"(εἰρήνη)는 두 가지의 뜻을 말하고 있으니, 하나는 내적인 평안과 평강을 뜻하고, 다른 하나는 외적인 평화와 화목을 의미한다. 내적인 평화(peace)는 하나님과 나와의 관계에서 그리스도를 통한 샘솟는 "에이레네"(εἰρήνη)요, 외적인 평화(peace)는 사람과 사람 사이의 평화를 의미한다.

3. 어리석고 무식한 변론을 버려야 한다.(23절)

"어리석고 무식한 변론을" "타스 데 모라스 카이 아파이듀투스 제테세이스"(τὰς δὲ μωρὰς καὶ ἀπαιδεύτους ζητήσεις)는 "그리고 그 어리석고 무식한(교육받지 못한) 변론(논쟁, 토론)들을"이며, "버리라" "파라이투"(παραιτοῦ)는 "파라이투마이"(παραιτούμαι) "거절한다, 피한다"의 현재 명령(命令)으로, "피하라"는 의미이며, "다툼" "마카스"(μάχας=fights)는 "싸움들"을 뜻한다. 그러므로 주의 종들이나, 특히 위에서 말한 것처럼, 교육을 받지 못한 무식한 자들은 어떠한 토론이나 논쟁도 해서는 안 될 것이다. 왜냐하면 비록 건전한 토론이라 하더라도 결국 다툼이나 분쟁이 일어나기 쉬우며 믿음이 약한 자들에게 상처를 주기 쉽기 때문이다.

4. 온유하고 가르치기를 잘하며 참아야 한다.(24-26절)

"마땅히 다투지 아니하고" "우 데이 마케스다이"(οὐ δεί μάχεσθαι)는 "반드시 변론하지 아니하며, 반드시 싸우지 아니하며"이며, 이는 특별히 헛되고 공허하며, 어리석고 무식한 변론을 가지고, 싸우는 싸움을 의미한다. "온유" "에피오스"(ἤπιος)는 "온유하며, 부드러우며, 유순한 것"을 말하는데, 사람을 대할 때에 사근사근하게 대하는 것을 의미한다. "참으며" "아넥시카코스"(ἀνεξίκακος)는 "아네코"(ἀνέχω) "견딘다, 참는다, 용서한다"는 말과 "카코스"(κακός) "악한"이라는 말의 합성어로, 사람의 허물과 악에 대하여, 오래도록 용서(容恕)하고 참아주는 인내를 의미한다. "거역하는 자를" "투스 안티디아티데메노스"(τοὺς ἀντιδιατιθημένους)는 "대립하며, 반대하며, 계속 불순종하는 자"들을 의미하며, "온유함으로" "엔 프라위테티"(ἐν πραΰτητι)는 "온유하고, 친절하며, 부드럽고 겸손한 상태에 머물러 있는 것"을 뜻한다. "하나님께 사로잡힌바 되어" "에조그레메노이 휘프 아우트"(ἐζωγρ -ημένοι ὑπ' αὐτού)는, "하나님에 의하여, 하나님에게 사로잡히고 포로가 되는 것"을 의미한다. "그 뜻을 좇게" "에이스 토 에케이누 델레마"(εἰς τὸ ἐκείνου θίλμα)는 "하나님의 그 뜻을 위하여, 하나님의 그 뜻을 향하여"라는 말로, 우리가 하나님께 사로잡히는 포로가 되는 목적이,

하나님의 뜻과 목적을 이루기 위함인 것을 본다.

Ⅴ. 불신앙에 대한 예언(3:1-9)

"1.네가 이것을 알라 말세에 고통하는 때가 이르리니 2. 사람들은 자기를 사랑하며 돈을 사랑하며 자긍하며 교만하며 훼방하며 부모를 거역하며 감사치 아니하며 거룩하지 아니하며. 3.무정하며 원통함을 풀지 아니하며 참소하며 절제하지 못하며 사나우며 선한 것을 좋아 아니하며. 4.배반하여 팔며 조급하며 자고하며 쾌락을 사랑하기를 하나님 사랑하는 것보다 더하며. 5.경건의 모양은 있으나 경건의 능력은 부인하는 자니 이 같은 자들에게서 네가 돌아서라. 6.저희 중에 남의 집에 가만히 들어가 어리석은 여자를 유인하는 자들이 있으니 그 여자는 죄를 중히 지고 여러 가지 욕심에 끌린바 되어. 7. 항상 배우나 마침내 진리의 지식에 이를 수 없느니라. 8.얀네와 얌브레가 모세를 대적한 것같이 저희도 진리를 대적하니 이 사람들은 그 마음이 부패한 자요 믿음에 관하여는 버리운 자들이라. 9.그러나 저희가 더 나가지 못할 것은 저 두 사람의 된 것과 같이 저희 어리석음이 드러날 것임이니라."(3:1-9)

3:1-5절 디모데전서에서와 마찬가지로 바울은 디모데에게

말세(딤전 4:1-3)의 멸망에 대해서 경고하였다. 여기서 말세라함은 제1세기와 예수 그리스도의 재림 사이의 전 기간을 지칭하는 것이다. 예언에 의하면, 이 중간 시기에 이 세계에는 사회적으로 퇴보해 가는 고통의 때가 이르게 될 것이다. 바울은 신자들이 맞이하게 될 19가지의 일반적인 특성들의 목록(롬 1:28-32)을 제시하였다. 사람들은,

(1) "자기(自己)를 사랑하며" "필라우토이"(φιλαυτοι =self-lovers)는 "필레오"(φιλέω) "사랑한다"는 말과 "아우토스"(ἀυτός) "자신"이란 말의 합성어로, 자기만을 사랑하는 극한 이기주의적 인간을 의미한다. 그러므로 예수님께서도 (마 24:12)에 "불법이 성하므로 많은 사람의 사랑이 식어지리라"고 하셨다.

(2) "돈을 사랑하며" "피랄귀로이"(φιλάρΥυροι=money-lovers)는 "오직 돈만을 사랑하는, 그리고 돈의 노예가 되어져 있는 것"을 의미한다.(딤전 6:9-10)

(3) "자긍하며" "알라조네스"(ἀλαζόνες)는 "자부심, 거만, 오만"이라는 말로, 자만심이 강한 것을 뜻하는데, 이것은 외적으로 표현되지 않는 내적인 긍지와 신념을 의미할 수 있다.

(4) "교만하며" "휘펠레파노스"(ὑπερήφανος)는 "휘펠"

(ὑπέρ)의 "위에"라는 말과 "파이노마이"(φαίνομαι)의 "자신을 드러낸다"는 말의 합성어로, 자기 자신을 다른 사람의 위로 올려서 나타내는 것을 의미하는데, 이것은 인간의 내적인 자부심과 긍지에서 나오는 외적인 행위를 의미한다. 바꾸어 말하면 남을 무시하고 낮추는 행동을 의미한다.

 (5) 다른 사람들을 "훼방한다" "불라스페모이"(βλάσφη-μοι)를 번역한 것이다. 다음의 몇 가지 특성을 표현하는 헬라어 단어들은 접두어 (ε)를 가진 것으로, 이것은 마땅히 있어야할 덕목이 "없음"을 나타내는 것이다. 그리하여 사람들은,

 (6) "부모를 거역하며" "아페이데이스"(ἀπειθείς)는 "불순종"을 의미하며, 믿지 못함, 곧 부모를 불순종하거나, 존경치 않음을 뜻하기도 한다.

 (7) "감사치 아니하며" "아카스리스토이"(ἀχάσριστοι)는 부정사 "아"(a=not)와 "카리조마이"(Χαρίζομαι)의 "거저 준다, 값없이 준다, 은혜로 준다, 용서한다, 은혜로움을 스스로 나타낸다"의 합성어로, 고마움과 은혜를 전혀 모르며, 용서하는 은혜로움이 전혀 없는 것을 가리킨다.

 (8) "거룩하지 아니하며" "아노시오이"(ἀνόσιοι)는 부정사 "아"(ἀ=not)와 "호시오스"(ὅσιος)의 "경건한, 하나님을

기쁘시게 하는, 거룩한, 신성한"이라는 말의 합성어로, 하나님을 기쁘시게 하는 경건한 생활이 전혀 없는 것을 의미한다.

(9) "무정하며" "아스톨고스"(ἄστοργος)는 부정사 "아"(α=not)와 "스톨게"(στοργή)의 "가족적인 사랑, 친족 간의 사랑"이라는 말의 합성어로, "사랑이 없다"는 뜻인데, 위에서 말한 것처럼 가족과 친족과 이웃에 대한 사랑이 없음을 의미한다.

(10) "원통함을 풀지 아니하며" "아스폰도이"(ἄσπονδοι)는 "화해하지 아니하며, 화해하기 심히 어려운, 앙심이 깊은 상태"를 뜻하며, 언제라도 기회만 있으면 원수를 갚으려는 상태를 의미한다.

(11) "사나우며" "아네메로이"(ἀνήμεροι)는 "길들이지 않은, 야만적(野蠻的)인, 제멋대로 날뛰는 것"을 의미한다. 그러면 무엇 때문에 인간이 야수(野獸)처럼 난폭하며, 사나운 인간이 되는가? 그것은 결국 자기 자신을 제어하지 못하는 데서 오는 것이다.

(12) "절제(切除)하지 못하며" "아크라테이스"(ἀκρατεῖς =without self-control)는 "무하고, 무능하며, 방종하며, 자신을 버리고 포기하는 상태, 곧 자신을 다스리지 못하는

것"을 의미한다. 이와 같이 자기 자신을 컨트롤(control)한
다는 것은 어려운 일이다. 그러므로 성령을 받지 않고는,
내가 나를 자제하지 못한다.(갈 5:22)

(13) "참소하다" "디아발로"(διαβάλλω)는 "적의를 가지
고 고소한다, 비난한다, 중상한다, 참소한다"이며, 명사
"디아볼로스"(διάβολος)는 "악마"라는 뜻이다. 마귀가 따
로 있는 것이 아니다. 남을 비방하며, 중상하며, 고소하는
자이다.

(14) "선한 것을 좋아 아니한다." "아필라 가도이"(άφι
-λά Υαθοι)는 부정사(a=not)와 "필레오"(φιλέω)의 "사
랑한다"는 말과 "아가도스"(άΥαθός)의 "선한, 착한, 적합
한, 유능한, 친절한"이라는 말의 합성어로, "선을 사랑하지
아니하며"이며, 이는 선을 목적으로 사랑하지 않음을 의미
한다. 여기서 "선" "아가도스"(άΥαθός)는 "윤리적인 선"
을 뜻하며, 동시에 바른 진리를 의미한다.

(15) "배반하여 판다" "프로디도미"(προδίδωμι)는 "미
리 준다, 넘겨준다, 배신한다"는 말로, 가롯 유다가 예수님
을 빌라도에게 넘겨준 것처럼, 친구가 친구를 배신하며,
신자가 신자를 배신하며, 목사가 목사를 배신할 것을 가리
키는 무서운 말이다.

(16) "조급하며" "프로페테이스"(προπετείς)는 "생각지 않고 말하며, 결과가 어떻게 될 것인지 생각지 못하고 무조건 결단하는 행동"을 뜻하며 "무질서하게 사는 것"을 의미한다.

(17) "자고하며" "테튀포메노이"(τετυφωμένοι)는 "튀포오"(τυφόω) "흐리게 한다, 어둡게 한다, 속인다, 잘난 체한다, 눈이 어두워진다, 어리석어 진다"의 완료 수동분사로, 무엇에 의하여 이미 눈이 어두워져 있는 상태를 의미한다. 이와 같이 자긍하며, 자기를 드러내고, 교만하며, 오만한 자들은 잘난 체하며 자랑한다.

(18) "쾌락을 사랑하며" "필레도노이"(φιλήδονοι=pleasure lov-ers)는 "필레오"(φιλέω)의 "사랑한다"는 말과 "헤도네"(ἡδονή)의 "쾌락, 향락"이라는 말의 합성어로, 오직 쾌락만을 사랑하는 상태를 의미한다.

(19) "경건의 모양" "모르포신"(μόρφωσιν)은 경건의 능력을 부인 한다.(딛1:16) "경건" "유세베이아"(εὐσέβεια)는 "경건, 종교, 예배,"이며, 이는 "유"(εὖ)의 "잘, 좋게"라는 말과 "세 보"(σὲ βω)의 "예배한다"는 말의 합성어로, "좋은 예배"(good worship)라는 의미이다. 하나님을 믿는 신앙생활은 예배가 중심이다. 바울은 위의 것들이 이미 에베소에 존재하고 있다고 생각했음이 분명하다. 이것들은

시간의 흐름과 함께 점점 더 강하게 나타나겠지만, 디모데는 그러한 사람들을 조심하고, 이 같은 자들에게서 돌아서야만 했던 것이다. 그러나 바울이 이미 앞에서, 모든 사람들에게 온유할 것을 디모데에게 명하였으므로(딤후 2:24), 여기서 염두에 둔 것은, 디모데의 직분상의 태도에 관한 것이었음은 두말할 필요가 없다.

3:6-9절 왜 진리의 지식에 이르지 못하는가?

1) 진리를 대적하기 때문이다.(8절)

"항상 배우나 마침내 진리의 지식에 이를 수 없느니라 얀네와 얌브레가 모세를 대적한 것같이 저희도 진리를 대적하니"에서 "진리의 지식에" "에이스 에피그노신 알레데이아스"(εἰς ἐπίγνωσιν ἀληθείας)는 "진리의 지식을 향하여"라는 말로, "점점 깊어지는 진리의 인식"을 의미하며, "저희도 진리를 대적하니"에서 "진리를" "테 알레데이아"(τῇ ἀληθείᾳ)는 "그 진리에"이며, "대적하나" "안디스탄타이"(ἀνθίστανται)는 "안디스테미"(ἀνθίστημι) "대항시킨다, 반대한다, 대항한다, 거역한다"의 현재 중간 직설로, "그리스도의 진리를 반대하고, 대항하는데 고착되어 있는 상태"를 의미한다. 이와 같이 언제나 진리를 해하는 반대편에 서 있는 자들은, 진리를 아는 무한한 지식에 들어갈 수 없다.

2) 마음이 부패하였기 때문이다.(8절)

"그 마음이 부패한 자요" "카테프달메노이 톤 누운" (κατεφθαρμένοι τὸν νοῦν)은 "그 마음이 부패되어 있는 자요"이며, "부패한" "카테프달메노이"(κατεφθαρμένοι)는 "카타프데이로"(καταφθείρω) "파괴한다, 멸한다, 못쓰게 한다, 망하게 한다"의 완료 수동분사로, 현재 이미 "무엇에 의하여 마음이 회복할 수 없는, 멸망되어 있는 상태"를 의미한다.

3) 믿음에 관하여 버리운 바 되었기 때문이다.(8절)

"믿음에 관하여" "페리 텐 피스틴"(περὶ τὴν πίστιν)은 "그 믿음에 대하여"라는 말로, 이는 그리스도를 믿는 믿음을 뜻하며, "버리운" "아도키모이"(ἀδόκιμοι)는 "시험에 합격하지 못한, 자격이 없는, 가치가 없는"이라는 말로 그리스도를 믿도록 허락되지 않은 자들을 의미한다.

4) 어리석음이 드러나게 됨(9절)

어리석은 이단 운동은 반드시 드러날 뿐 아니라, 어리석음이 드러날 때 저들의 전진은 무너지고 마는 것이다. 이상은 19가지 죄악을 열거한 것이다. 거짓 교사들과 애굽의 마술사들, 디모데와 모세의 두 대조는, 젊은 목회자에게 큰 용기를 주었음이 틀림없다. 반대자들은 진리를 대적하며 마음이 부패한자요(딤전 6:5), 믿음에 관하여는 "버리

운 자” “아도키모이”(αδόχιμοι) “인정받지 못하는 자”들
이다.(딤전 3:9) 결국 그들의 영향력이 일시적으로는 교회
내에서 매우 심각한 문제이지만, 결국에는 더 나아가지
못할 것이다. 종국에 가서는 얀네와 얌브레처럼 그들의
어리석음이 드러날 것이다.(딤전 4:15, 5:24-25)

VI. 말씀 사역에 충실할 것을 요청함(3:10-4:8)

A. 핍박 속에서의 충실함(3:10-13)

“10.나의 교훈과 행실과 의향과 믿음과 오래 참음과 사
랑과 인내와. 11.핍박과 고난과 또한 안디옥과 이고니온
과 루스드라에서 당한 일과 어떠한 핍박받은 것을 네가
과연 보고 알았거니와 주께서 이 모든 것 가운데서 나
를 건지셨느니라. 12.무릇 그리스도 예수 안에서 경건하
게 살고자 하는 자는 핍박을 받으리라. 13.악한 사람들
과 속이는 자들은 더욱 악하여져서 속이기도 하고 속기
도 하나니.”(3:10-13)

1. 바울이 보여준 9가지 교훈을 명심하자.(10절)

1) 바울의 교훈(10 上)
이는 바울이 디모데에게 가르친 것인데, (딤전 1:10)에

보면 바른 교훈이다. 즉 이단과 대조가 된다. 신자들이 바른 교훈을 들음으로, 이단의 미혹에 빠지는 것을 미연에 방지할 수 있다. 또 참된 진리의 말씀을 전할 수 있다.

2) 행실이다.(10절)

이것은 그의 실생활이다. 좋은 설교로 교훈해놓고도, 생활에 본이 안 되면 설교의 효과가 없다.

3) 의향이다.(10절)

이는 그의 전도 목적이다. 위의 세 가지를 열거한 교훈은 설교요, 실행은 그의 실생활이요, 의향은 그의 전도 목적인 것이다. 바울은 이런 전도 생활을 위하여 아래의 것을 잘 견디었다. 그는 세계전도에 불타는 염원이 있었다.

디모데는 바울의 "교훈" "디다스칼리아"($\delta\iota\delta\alpha\sigma\chi\alpha\lambda\iota\alpha$) "내용"과, 행실과, 의향과, 믿음과, 오래 참음과, 사랑과, 인내(2:10, 12)와, 핍박과, 고난(딤전 6:11)을 친숙하게 알았고, 이 노사도(老使徒)는 자신의 선교 체험 속에 담겨 있는, 이 모든 것들을, 젊은 제자에게 예로 드는 것을 부끄러워하지 않았다.

2. 주께서 핍박 중에 건지신 것을 알게 하였다.(11절)

여기에서 3곳 즉 안디옥, 이고니온, 루스드라에서 당한 핍박에 대하여 (행 16:17)에 기록되어 있다. 디모데가 보고 알았다 한 것은, 그가 늘 함께 하였으므로 고난 받은 사실을 인지하였고, 자신도 고난을 각오하고 전도인의 사명을 다하겠다는 말이다. "주께서 이 모든 가운데서 건지셨느니라." 바울은 전도 사역에 있어서 위험한 일을 당할 때마다 늘 건짐을 받았다. 이것을 본 디모데는 환란과 핍박에 잘 대처할 수 있었으며, 오늘 우리들에게도 많은 경험이 되어, 수난에도 용기와 인내를 더 해주는 것이었다.

3. 경건하게 살고자 하는 자는 핍박을 각오해야 한다.(12절)

이는 그리스도 안에서 믿음을 가지고 바른 생활을 하려는 자에게는 의례히 핍박이 따르게 마련이라는 뜻이다.

1) 그리스도 예수 안에 있는 자(12절)

"그리스도 예수 안에서" "엔 크리스토 예수"(ἐν Χριστῷ Ἰησοῦ=in christ Jesus)는 "그리스도 예수 안에 붙어 머물러 있는 것"을 의미하며, "핍박을 받으리라" "디오크데손타이"(διωχθήσονται)는 "디오코"(διώκω) "박해한다"의 미래 수동으로, 그리스도 예수 안에 머물러 사는 자가, 핍박과 환난을 당하는 것이 필연적임을 본다. 그러니 그리스도 예수 안에 머물러 거하는 자는 실로 영원히 행복한 존재이다. 왜냐하면 그를 위해, 그 때문에 받는 이 땅의 순간적인 핍박이 필연적이듯이, 그리스도 안에서 영원히 그와 더불어 누리는 부와 영광도 필연적이기 때문이다.

2) 경건하게 살고자 하는 자(12절)

"경건하게 살고자 하는 자는" "오이 델론테스 젠 유세베이오스"(οἱ θέλοντες ζήν ὑσεβῶς)는 "경건하게 살기를 원하는 자들은"이며, 이는 계속하여 하나님을 기쁘시게 하기를 원하는 자들을 의미한다.

B. 하나님의 말씀에 충실함(3:14-4:5)

1. 왜 말씀을 배워 알아야 하는가?(3:14-17)

"14.그러나 너는 배우고 확신한 일에 거하라 네가 뉘게서 배운 것을 알며. 15.또 네가 어려서부터 성경을 알았나니 성경은 능히 너로 하여금 그리스도 예수 안에 있는 믿음으로 말미암아 구원에 이르는 지혜가 있게 하느니라. 16.모든 성경은 하나님의 감동으로 된 것으로 교훈과 책망과 바르게 함과 의로 교육하기에 유익하니. 17.이는 하나님의 사람으로 온전케 하며 모든 선한 일을 행하기에 온전케 하려 함이니라."(3 : 14-17)

1) 배움 속에 머물 것이다.(14절)
"거하라" "메네"(μένε)는 "메노"(μένω)의 "남아있다,

머문다, 산다, 거주한다"의 명령형으로, "머물라"는 말이며, "배우고" "엔 호이스 에마데스"(ἐν οἷς ἔμαθες)는 "배운 것들 안에"라는 말이다. 그러므로 바울이 디모데에게 "배운 것들 안에 머물라"는 것은 바울에게서 배운 말씀의 교훈들을 지켜 행하라는 뜻이다. 이와 같이 성도들은 목회자로부터 배운 진리의 교훈 속에 머무는 삶을 살아야 할 것이다. 오늘의 한국 교회 신자들은 설교는 많이 들어 귀는 커졌으나, 듣고 배운 교훈 속에 머무는 생활은 적으니 실로 깊이 참회할 일이다.

2) 확신 속에 머물 것이다.(14절)

"확신한 일에" "엔 호이스 에피스토데스"(ἐν οἷς ἐπι-στώθης)는 "확신되어진 일들 안에"이며, "확신한" "에피스토데스"(ἐπιστώθης)는 "피스토오"(πιστόω) "믿는다, 신뢰한다"의 제1과거 수동으로, 확신되는 신앙이 하나님에 의하여 됨을 보여 준다. 이와 같이 말씀의 교훈을 들은 자들은, 그 말씀의 교훈 속에 머무는 것도 중요하나, 확신을 가지고 머물지 않으면 안 될 것이다.

3) 구원의 지혜를 주는 성경을 알아야 한다.(15절)

"구원(救援)에 이르는 지혜(知慧)가 있게 하느니라." "소피사이 에이스 소테리안"(σοφίσαι εἰς σωτηρίαν)은 "구원에로 향하는 지혜를 만든다."는 의미이다. 우리가 받

은 구원은 그리스도를 믿음으로 단번에 받은 것이다. 그러
나 우리는 날마다 가까워지며, 깊어지는 구원의 완성을 위
하여, 하나님의 말씀을 통하여 중단 없이 전진하여 나갈
수 있는 "지혜" "소피아"($\sigma o \phi i \alpha$)를 얻지 않으면 안 된다.
　4) 진리이신 성경의 구성(16-17)

　(1) 모든 성경은 하나님의 감동으로 되었다.(16 上)

　(2) 교육하기에 유익한 성경이다.(16 下)
① 교육하기에 유익(有益)함…… "유익하니" "오펠리모
스"($\omega \phi \varepsilon \lambda \iota \mu o \varsigma$)는 "가치가 있으며, 유익하며"이며, 이 말이
문장 앞에 나와서, 뒤에 연결된 것들에 관해서 많은 유익
과 가치를 주는 것을 강조하고 있으며, "교훈과" "오펠리
모스 프로스 디다스칼리안"($\omega \phi \varepsilon \lambda \iota \mu o \varsigma \pi \rho o \varsigma \delta \iota \delta \alpha \sigma \kappa \alpha \lambda \iota \alpha v$)
은 "가르치기에 유익하며 교훈 하는데 가치가 있으며"라
는 의미이다.
② 책망과 바르게 하기에 유익함…… "책망과" "오펠리
모스 프로스 엘레그몬"($\omega \phi \varepsilon \lambda \iota \mu o \varsigma \pi \rho o \varsigma \varepsilon \lambda \varepsilon \Upsilon \mu o v$)은 "책
망하기에 유익하며"이고, "엘레그몬"($\varepsilon \lambda \varepsilon \Upsilon \mu o v$)은 "엘렝
코"($\varepsilon \lambda \varepsilon \Upsilon \chi \omega$)의 "밝히 드러낸다, 폭로한다, 책한다, 죄를 깨
닫게 한다, 교정한다, 바로 잡는다, 징계한다."는 말에서 온
것으로 "실존의 죄를 깊이 깨닫고, 회개하도록 만드는 것"
을 뜻하며, "바르게 함" "에파놀도시스"($\varepsilon \pi \alpha v o \rho \Theta \omega \sigma \iota \varsigma$)도

"고침, 회복, 개선"이라는 말로, 회개를 의미하고 있다.

③ 의로 교육하기에 유익함…… "의로 교육하기에 유익하니" "오펠리모스 프로스 파이데이안 텐 엔 디카이오쉬네"(ὠφέλιμος πρὸς παιδεαν τὴν ἐν δικαιοσύνη)는, 의로움 안에 머물도록 교육하기에 유익하며 가치가 있다는 뜻이다. 이와 같이 하나님의 말씀은 가르치고 책망하여 회개케 하며, 바르게 하는 데만 유익한 것이 아니고, 계속 하나님을 기쁘게 하는 성화, 헌신의 생활을 하도록 만드는 데 그 가치가 있는 것이다.

5) 온전케 하는 성경이다.(17절)

"하나님의 사람" "호 투 데우 안드로포스"(ὁ τού Θεού ἄνθρωπος)는 "하나님의 그 사람"이라는 말로, 하나님을 믿는 한 사람, 한 사람을 의미(意味)하며, "온전" "알티오스"(ἄρτιος)는 "능력"을 의미하는데, 하나님의 선한 일들을 행할 수 있는 자격을 뜻한다. 하나님의 자녀로서 행하여야 할 마땅한 의무를 행할 수 있는 능력을 주시기 때문이다. 교회에서 하나님의 말씀을 듣지 않고, 읽지 않고, 배우지 않는 사람들이, 그리스도인의 의무를 성실히 수행하는 사람이 될 수 없기 때문이다.

2. 전도자의 사명(4 : 1-5)

"1.하나님 앞과 산 자와 죽은 자를 심판하실 그리스도 예수 앞에서 그의 나타나실 것과 그의 나라를 두고 엄히 명하노니. 2.너는 말씀을 전파하라 때를 얻든지 못 얻든지 항상 힘쓰라 범사에 오래 참음과 가르침으로 경책하며 경계하며 권하라. 3.때가 이르리니 사람이 바른 교훈을 받지 아니하며 귀가 가려워서 자기의 사욕을 좇을 스승을 많이 두고. 4.또 그 귀를 진리에서 돌이켜 허탄한 이야기를 좇으리라. 5.그러나 너는 모든 일에 근신하여 고난을 받으며 전도인의 일을 하며 네 직무를 다하라."(4:1-5)

1) 하나님과 그리스도 앞에서 명한다.(1절)

예수 그리스도는 산 자와 죽은 자를 심판하신다. 다시 나타나시고, 그의 나라가 임하고. 바울은 여기 중대한 발표에 있어서, 하나님과 예수 그리스도를 배경으로 한다. "그의 나타나심"은 예수 그리스도의 재림이요, "그의 나라"는 그의 영광의 나라인데, 사도 바울이 여기서 이렇게 거론한 이유는 그 두 가지가 그의 소망이며, 현재 복음 전도의 이유이기 때문이다.

2) 항상 힘써야 한다.(2절)

(1) "말씀을 전파하라" "케리크손 톤 로곤"(κήρυξον

τὸν λόγον=preach the word)은 “그 말씀을 전파하라, 그 말씀을 선포하라”이며, 이는 “오직 그리스도의 말씀을 설교하며, 선포하라”는 뜻이고, “때를 얻든지” “유카이로스”(εὐκαίρως)는 “적당한 때든지, 좋은 기회이든지, 알맞은 때든지”이며, 이는 “하나님의 말씀을 전파하기에 순조롭고, 준비되어 있는 때”를 뜻하고, “못 얻든지” “아카이로스”(ἀκαίρως)는 위의 뜻의 반대되는 때 곧 “말씀을 전파하기에 전혀 합당치 못한 때”를 의미한다.

(2) 오래 참고 가르칠 것이다.

“오래 참음” “마크로 뒤미아”(μακροθυμία)는 “인내, 확고 불변, 관용, 참음”이라는 말로, “신자들의 결점과 허물을 덮어주고 용서하는 인내”를 뜻하며, 여격으로 거기에 항상 머무는 상태이고, “가르침” “디다케”(διδαχῇ)는 여격으로, “항상 가르침에 소유되어 있는 상태”이며, “경책하다” “엘렝코”(ἐλέγχω)는 “밝히 드러낸다, 폭로한다, 책한다, 꾸짖는다, 교정한다, 죄를 깨닫게 한다”이며, “경계하다” “에피티마오”(ἐπιτιμάω)도 “책망한다, 경책한다”는 말로, 같은 뜻이며, “경책하며” “엘렝크손”(ἐλεγξον)은 제1과거 명령으로, 사적인 감정이 없이 사랑과 가르침으로 진실히 책망하라는 뜻이다.

(3) 인내와 가르침으로 권할 것이다.(2절)

“오래 참고 가르칠 것”이란, “경책, 경계, 권하라”의 방법이다. "불의한 자를 다스림"은 경책, 경계, 권함에 있어서 "오래 참음"의 덕이 없으면 상대방의 감정을 상하게 하기 쉽고, "가르침"은 교훈이 없으면 효과를 내지 못한다. 이 모든 것은 성령의 도우심과 은혜 가운데 처리하지 않으면 부작용이 일어나기 쉬우니, 신중하며 많이 기도해야 할 것이다.

  3) 그릇된 교훈을 경계해야 한다.(3-4절)
 (1) 바른 교훈을 받지 아니하기 때문이다.(3절)
  "때" "카이로스"(καιρός)는 "정하여진 때" 곧 "말세"를 의미하며, "바른 교훈" "테스 휘기아이누세스 디다스칼리아스"(τής ὑΥιαινούσης διδασκαλίας)는 "건전한 가르침(the sound teaching), 건강한 교훈(the healthy doctrine)"이라는 말로, 그리스도의 복음 적인 가르침과 교훈을 뜻하며, "받지 아니하며" "우크 아넥손타이"(οὐκ ἀνέξονται)는 "아넥손타이"(ἀνέξονται)가 "아네코마이"(ἀνέχομαι) "기쁘게 듣지 않는다"의 미래 중간태로, "자신을 위해서, 자신 때문에, 스스로 달갑게 받지 아니할 것"을 의미한다. 이와 같이 말세가 되면 그리스도의 복음적인 가르침과 교훈보다는, 다른 이상한 것들을 듣기를 좋아하게 될 것이다.

 (2) 사욕을 좇을 스승을 많이 두기 때문이다.(3절)
  "사욕을 좇을" "카타 타스 이디아스 에피뒤미아스"

(κατα τὰς ἰδίας ἀπιθυμίας)는 “자신의 정욕들을 따라서”
이며, “자기의” “헤아우토이스”(ἑαυτοίς)는 “자신들에게,
자신들을 위해서”이고, “스승을 많이 두고” “에피소류수
신 디다스칼루스”(ἐπισωρεύσουσιν διδασκάλους)는 “스승
들을 많이 모으리라, 선생들을 많이 쌓으리라”는 의미이
다. 이와 같이 마지막 때는 개인적인 욕심과 정욕 때문에
적그리스도를 따르게 될 것이다.

(3) 귀를 진리에서 돌이킬 것이기 때문이다.(4절)

“진리(眞理)에서” “아포 멘 테스 알레데이아스”(ἀπο
μᾶν τής ἀληθείας)는 “그 진리로부터”이며, 이는 오직 유
일의 진리 자이시며, 절대적인 진리이신 그리스도로부터
돌이킬 것을 뜻하며, “허탄한 이야기” “투스 뮈두스”(τοὺς
μύθους)는 “없는 것을 꾸며서 말하는, 옛날의 신화적인
많은 이야기”를 뜻한다. 이와 같이 오늘도 하나님의 진리
의 말씀을 떠나서, 거짓 선지자들이 외치는 표적이나 기사
를 좇으며, 기복적인 신앙에 기울어져서, 세속적인 물질의
축복을 받기 위해, 이곳저곳으로 방황하는 신자들을 볼 수
있다.

4) 전도자의 자세(5절)

(1) 모든 일에 근신하는 것이다.(5절)

"근신하여" "네페"(νήφε)는 "네포"(νήφω) "술 취하지 않는다(잠23:29-31), 정신 차리고 있다, 자제한다"의 현재 명령으로, "정신을 차리라, 깨어있으라"는 의미이다. 말세가 되면 많은 사람들이 진리에서 돌이켜서 헛된 이야기를 좇게 될 것이다. 그러므로 복음을 전하는 자는 신자들의 영혼을 파수하기 위하여, 세상의 술에 취하거나 그릇된 진리에 눈이 어두워져서는 안 될 것이다. 그러면 무엇으로, 어떻게, 깨어 있을 것인가? 성령 충만으로 근신하며, 말씀으로 깨어있을 것이며, 기도로 항상 무장되어 있어야 할 것이다. 그렇지 않으면 전도인의 직무를 다하기가 어렵게 되기 때문이다.

 (2) 모든 일에 고난을 받을 것임(5절)

 "고난을 받으며" "카코파데손"(κακοπάθησον)은 "카코파데오"(κακοπαθέω) "불행을 겪는다, 고생을 당한다, 어려움을 견딘다, 참는다"의 제1과거 명령으로, 단순히 "고난을 겪으라, 고난을 견디라"는 의미이다.

 (3) 전도자의 직무를 다하는 것임(5절)

 자기의 직무를 다하는 것이다. "그러나 너는 모든 일에 근신하며, 고난을 받으며, 전도인의 일을 하며 네 직무를 다하라"에서……

 "네 직무를" "텐 디아코니안 수"(τὴν διακονίαν σου)

는 "너의 그 봉사를"이며, 디모데가 받은 유일한 봉사와 섬김의 직분을 뜻하고, "다하라" "프레로포레손"($\pi\lambda\eta\rho o\phi$-$\acute{o}\rho\eta\sigma ov$)은 "프레오폴레오"($\pi\lambda\eta\rho o\phi\acute{o}\rho\eta\sigma ov$) "채운다, 성취한다, 완성한다"의 제1과거 명령으로, 어떠한 이유도 묻지 말고 무조건 "완성하라"는 의미이다. 그러므로 전도자가 자기의 직무(봉사)를 성취한다는 것은 범사에 하나님의 말씀을 선포하며, 설교하며 전하여 가르치는 것이다.

C. 바울의 충실함(4:6-8)

"6.관제와 같이 벌써 내가 부음이 되고 나의 떠날 기약이 가까왔도다. 7.내가 선한 싸움을 싸우고 나의 달려갈 길을 마치고 믿음을 지켰으니. 8.이제 후로는 나를 위하여 의의 면류관이 예비 되었으므로 주 곧 의로우신 재판장이 그 날에 내게 주실 것이니 내게만 아니라 주의 나타나심을 사모하는 모든 자에게니라." (4:6-8)

본문에서 위대한 사도 바울의 최후 승리자의 모습을 발견할 수가 있다. 1-5절까지는 전도자는 사명을 다할 것을 권면한 후, 6-8절은 자신의 최후를 말씀하면서 전도자로서 사명을 다한 자신의 영광스러운 모습을 보인다.

1. 선한 싸움을 싸운 자를 위해(7절)

"선한 싸움을" "톤 칼론 아곤나"($\tau\grave{o}v$ $\kappa\alpha\lambda ov$ $\acute{\alpha}\Upsilon\acute{\omega}v\alpha$

=the good struggle)는 "그 선한 싸움을, 그 좋은 투쟁을"이며, 이는 복음을 위해서 자기의 생을 전적으로 허비하고, 낭비함을 뜻하는바 여기서 "싸움" "아고나"(ἀγῶνα)는 "아고"(ἄγω)의 "시간을 보낸다. 허비한다"는 말에서 왔으며, "싸우고" "에고니스마이"(ἠγώνισμαι)는 "아고니조마이"(ἀγωνίζομαι)의 "경기한다, 싸운다, 노력한다, 힘쓴다"는 말의 완료 중간태 직설로, 이미 삶의 허비와 낭비가 끝난 상태를 뜻하고, 결론적으로 자기를 위해서 싸우고 낭비했다는 뜻이다.

2. 달려갈 길을 마친 자를 위해(7절)

"달려갈 길을" "톤 드로몬"(τὸν δρόμον=the course)은 "그 노정, 그 도정, 그 코스"라는 말로, 한번밖에 있지 못할 인생의 일생 행로를 의미하며, "마치고" "테테레카"(τετέλεκα)는 "텔레오"(τελέω) "끝낸다, 완성한다, 수행한다, 지킨다, 완납한다"의 완료 능동으로, 이미 생과 사명의 코스(course)가 끝나고 완성된 것을 의미한다.

3. 믿음을 지킨 자를 위해서(7절)

"믿음을 지켰으니" "텐 피스틴 테테레카"(τὴν πίστιν τετήρηκα)는 "그 믿음을 간직했으니, 붙들었으니, 준행했으니"라는 뜻으로 "오직 그리스도만을 믿는 순수한 믿음을 그대로 간직한 것"을 뜻하며 "믿음을 잃어버리지 않고 끝까지 붙든 것"을 뜻하고, 그리고 그 믿음을 따라 살고 증거한 것을 의미한다.

8절에 "의의 면류관" "호 테스 디카이오쉬네스 스테파노스"(ὁ τῆς δικαιοσύνης στέφανος)는 "의의 그 면류관"은 의로운 사람에게 주는 면류관이 아니고, 자기의 사명을 다한 사람에게 주어지는 공로의 면류관을 의미한다.

Ⅶ. 바울의 역경 속에 나타나신 하나님의 신실하심을 상기함(4:9-18)

A. 바울의 적들과 친구들(4:9-16)

"9.너는 어서 속히 내게로 오라. 10.데마는 이 세상을 사랑하여 나를 버리고 데살로니가로 갔고 그레스게는 갈라디아로 디도는 달마디아로 갔고. 11.누가만 나와 함께 있느니라 네가 올 때에 마가를 데리고 오라 저가 나의 일에 유익하니라. 12.두기고는 에베소로 보내었노라. 13.네가 올 때에 내가 드로아 가보의 집에 둔 겉옷을 가지고 오고 또 책은 특별히 가죽 종이에 쓴 것을 가져오라. 14.구리 장색 알렉산더가 내게 해를 많이 보였으매 주께서 그 행한 대로 저에게 갚으시리니. 15.너도 저를 주의하라 저가 우리말을 심히 대적하였느니라. 16.내가 처음 변명할 때에 나와 함께 한 자가 하나도 없고 다 나를 버렸으나 저희에게 허물을 돌리지 않기를 원하노라. 17.주께서 내 곁에 서서 나를 강건케 하심은 나로 말미암아 전도의 말씀이 온전히 전파되어 이방인으로 듣게 하려 하심이니 내가 사자의 입에서 건지웠느니라 18.주께서 나를 모든 악한 일에서 건져내시고 또 그의 천국에 들어가도록 구원하시리니 그에게 영광이 세세 무궁토록 있을 찌어다 아멘."(4:9-18)

4:9절 서신의 마지막 부분에서 바울은 로마의 자기에게로, 디모데가 오도록 두 차례나 요청(要請)하였다.(9, 21절) 그는 무어보다도 자신이 얼마나 더 살 수 있을지 알 수 없었기 때문이다. 서신을 전달한 디모데는 몇 개월 동안 여행을 하였으며, 이로 말미암아 로마에 도착하는 것이 늦어지고 있었다.

4:10절 바울이 디모데를 더욱 필요로 하게 되었던 이유는 데마의 배신 때문이었는데, 그는 주의 나타나심을 사모하지 않고(8절), 이 세상을 사랑했던 것이다. 데마는 이전에 (골 4:14; 몬 1:24)에서 바울의 동역자들 중의 한 사람으로 등장하기도 하였으나, 이제는 데살로니가의 안전과 자유와 편안함을 추구하여, 바울을 버리고 갔던 것이다. 바울이 이러한 상황 속에서 가장 충실한 제자인 디모데를 기다린

것은 당연한 일이었다.(빌 2:20-22; 딤후 1:4) 그레스게는 갈라디아로, 디도는 오늘의 유고슬라비아인 달마디아로 급히 갔음이 분명하다. 디도는 헬라인(고후 2:13)이었고, ① 바울이 예루살렘 공회에 갈 때 동행하였고(갈 2:3), ② 제2차 전도여행 때 동행하였다.(고후 7:13-15) ③ 고린도에서 전도하고, 그 다음 그레데 섬에서 목사로 다년간 시무하였다. 데마의 경우와는 달리 이들에게서는 배신의 흔적을 찾아볼 수 없다.

1. 목회자에게 유익한 실존이 되라.(11절)

누가는(골 4:14; 몬 1:24) 바울과 깊은 관계가 있다. 바울의 두 번째 전도여행 때 함께 했고, 아시아에도, 예루살렘에도, 그 후에는 갇혔을 때에도 그와 함께 있었다. 누가는 충실한 동행자인 것이다. 2차, 3차, 로마까지 동행했으니 얼마나 귀한 인물인가? 바울과 같이 끝까지 동행하고, 「누가복음」을 기록한 사람이다.

디모데에게 "네가 올 때에 마가를 데리고 오라, 저가 나의 일에 유익하리라"에서 "나의 일에" "에이스 디아코니안"(εἰς διακονίαν)은 "섬김을 위해서, 봉사하는데"이며, 이는 마가가 오면 바울의 봉사에 같이 협력함으로 바울에게 유익을 주는 사람이 될 것이라는 의미이다. 마가는 제1차 전도여행 때 동행했으나, 신용 없이 중도에 집으로 돌아갔던 인물이다.(행 13:13) 그러나 (벧전 5:13)에서 베드로의 믿음의 아들이 되었고, 회개하여 이제 바울에게 유익한 조사(助事)가 되었다. 처음엔 잘못했으나, 후에 뉘우쳐 등용된 것이다. 그는 「마가복음」의 저자로서, 상당한 재산이 있었고, 집이 넓어 주님께서 최후만찬(最後晩餐)을 그의 집에서 나누셨다.(눅 22:12-13) 그는 바울과 옥에 갇히고(골 4:10), 바벨론에도 전도하였고(벧전 5:13), 바울이 두 번째 옥에 갇혔을 때는, 디모데와 같이 소아시아의 에베소에서 전도한 듯하다.(딤후 4:11)

2. 사람에게 유익한 실존이 되라.(11절)

"저가 전에는 네게 무익했으나 이제는 나와 네게 유익하므로"에서 "저가"는 오네시모를 말하며, "오네시모"(Ὀνήσιμος)는 "유익한 사람"이란 뜻이다. 그런데 저가 빌레몬의 종으로서 주인을 떠나 무익한 사람이 되었는데, 바울의 전도를 받아 회개하여 이름 그대로 유익한 사람이 되었던 것이다. 이와 같이 중생하여 새사람이 되어 그리스도를 믿는 자는 누구에게나 해를 끼치지 않고, 유익을 주는 사람이 된다. 그러므로 그리스도의 이름을 가진 자들은 어디에 가나, 누구에게든지 모든 일에 유익을 주는 생을 살아갈 것이다.

3. 그리스도에게 유익한 실존이 되라.(빌 3:7-8)

그러면 누가 그리스도에게 유익한 존재인가? 자기의 유익을 버리고 포기하는 사람이다. "내게 유익하던 것"에서

“유익”“켈도스”(κέρδος)는 세상의 물질적인 이익을 의미한다. 그러므로 그리스도를 위하여, 그에게 유익한 사람이 되려면, 세상적(世上的)인 자기의 이익을 버리고 포기(抛棄)해야 할 것이다.

4. 두기고가 있다.(12절) (엡 6:21; 골 4:7; 행 20:4; 딛 3:12)

두기고는 바울의 사랑하는 조사였다. 그를 에베소에 보낸 이유는 디모데가 로마로 오기로 되었으니(4:12), 그로 하여금 에베소에 대리로 시무시키기 위함이다.

5. 좋은 책이 있었다.(13절)

“겉옷과 책은 특별히 가죽 종이에 쓴 책을 가지고 오라”고 하였다. “옷”은 더워지므로 이집트에 둔 듯도 하고, 체포되어 외투를 입지 못하게 하므로 벗어둔 듯하며, 겨울이 닥쳐오므로 옷을 부탁한 것 같고, “가죽 책”은 “구약을 베낀 성경”이니, 양피에 기록된 것이다. 바울은 원래 가말리엘 문하에서 배워 그의 학문은 누구나 알아주었다. 그가 핍박받을 때에 “네 지식이 너를 미치게 한다”고까지 하였다. 그는 성경 중에도 구약을 많이 읽었다. 바울의 편지 중에 구약 31권이 180회 이상 인용되었고, 또 사도행전의 그의 설교에도 성경을 많이 인용하였다. <u>그가 신약 27권 가운데 13권을(혹은 히브리서 포함 14권) 기록했으니, 그</u>는 신약성경 절반을 기록한 셈이다. 책을 쓴다는 것은 누구나 할 수 없고 어렵다. 그는 학자이면서 성령님의 감동으로 능히 쓸 수가 있었다.

유대인은 6세가 되면 성경을 암송시켰다. (딤후 3:15-16)에 있는 성경 말씀은, ① 구원에 이르게 하는 책이며, ② 교육에 최고로 위대한 책이며, ③ 하나님의 사람으로 자격을 갖추게 하는 책이요, ④ 완전한 선행(善行)을 행하게 하는 책이다.

5. 구리 장색 알렉산더(4:14-15)

① 이는 바울을 해친 자이다.(14절)

처음에는 그리스도를 위하다가 후에는 배교하였다. 배교자의 벌이 얼마나 크다는 것을 보인다. 이는 사단에게 내어주어 징계를 받게 하였다.(딤전 1:20)

② 바울의 말을 심히 대적하였다.(15절)

"너도 저를 주의하라 저가 우리말을 심히 대적하였느니라." 16절에는 "다 나를 버렸으나 저희에게 허물을 돌리지 않기를 원하노라"했다.

(4:19-21)에 브리스가, 아굴라, 오네시보로, 에라스도, 드로비모, 으불로, 부데, 리노, 글라우디아 등 수다한 동역자들이 있었다. 이와 같이 우리 곁에도 ① 배신하는 동역자와 ② 유익한 동역자가 있다.

6. 허물을 돌리지 말라.(4:16절)

1) 바울이 허물을 돌리지 않았으니(16절)

"저희에게 허물을 돌리지 않기를 원하노라""메 아우토이스 로기스데이에"(μὴ αὐτοίς λοΥισθείη)는 "저희들에게 허물이 계산되지 않기를 원한다"는 의미이다. 이것은 목회자들이 가져야할 마음의 자세이다. 왜냐하면 목회자는 목회를 하다가 무엇이 잘 안 되고, 어려워지면 신자들에게 그 허물을 계산할 때가 많기 때문이다. 오늘 한국 교회의 목회자와 성도들 간에 참으로 아쉬운 것이 있다면, 서로에게 허물을 계산하는 경우가 많다는 것이다.

2) 하나님이 허물을 돌리시지 않으셨다.(고후 5:19)

"이는 하나님께서 그리스도 안에 계시사 세상을 자기와 화목하게 하시며 저희의 죄를 저희에게 돌리지 아니하시고, 화목하게 하는 말씀을 우리에게 부탁하셨느니라"에서 "죄" "타 파랖토마타"(τὰ παραπτώματα)는 "그 허물들"이라는 말로, 많은 죄를 뜻하며, "저희에게 돌리지 아니하시고 ""메 로기조메노스 아우토이스"(μὴ λοΥιζό-μενος αὐτοίς)는 "저희에게 계산하지 아니하시며"인데, 이것은 지금까지 계속하여 우리 인간의 죄와 허물을, 우리에게 돌리지 않으시고, 그 죄와 허물을 그리스도에게서 계산 받으심을 뜻한다.

3) 스데반이 허물을 돌리지 않았다.(행 7:60)

"무릎을 꿇고 크게 불러 가로되 주여 이 죄를 저들에게 돌리지 마옵소서 이 말을 하고 자니라."에서 "스데반" "스테파노스"(Στέφανος)는 "면류관, 상, 자랑"이란 뜻이며, "저들에게 돌리지 마옵소서" "메 스테세스 아우토이스"(μὴ στησῆς αὐτοίς)는 "저들에게 두지 마옵소서"이다. 이와 같이 순교자 스데반은 자기를 돌로 쳐서, 자기를 죽이는 저들의 악독한 죄를, 저희들에게 돌리지 말 것을 희망한 것을 우리도 배워야 된다.

B. 바울을 건지신 주님(4:17-18)

1. 나를 강하게 만드심(17절)

"주께서 내 곁에 서서" "호 데 퀴리오스 모이 파레스테"(ὁ δὲ κύριός μοι παρέστη)는 "그런데 주께서 내게 서서"라는 말이며, 이는 바울의 "아주 가까운 곁에 서 계신 상태"를 뜻하고, 한번 곁에 계심으로 영원(永遠)히 계시는 상태(狀態)이며, "나를 강건케 하심은" "에네뒤나모센 메"(ἐνεδυνάμωσέν με=empowerd me)는 "나를 강하게 하셨다"이며, 이는 능력 주시는 그리스도 안에서 모든 것을 할 수 있는 것을 의미한다.(빌 4:13)

2. 전도의 말씀이 전파되게 하심(17절)

"나로 말미암아" "디 에무"(δὶ ἐμού=through me)는

"나를 통하여"이며 이는 사명적(使命的)인 자기를 강조한 말이며, "전도의 말씀이" "토 케뤼그마"(τὸ κήρυγμα =the message)는 "그 선포, 그 메시지, 그 설교, 그 전도"라는 말로, 이것은 전도자(傳導者)의 입에서 선포(宣布)되는 설교를 의미하며, "온전히 전파되어" "프레로폴레데"(πληροφορηθῇ)는 "프레로폴레오"(πληροφορέω) "채운다, 완성한다, 성취한다"의 제1과거 수동 가정법으로, 완성되고 성취되는 것을 의미한다. 이와 같이 주께서 전도자의 곁에 아주 가까이 계셔서 강건케 하시는 이유는 "케뤼그마"(전도)를 완성하시기 위함인 것이다.

3. 사자의 입에서 건지심(17절)

"건지었느니라" "엘뤼스덴"(ἐρρύσθην)은 "뤼오마이"(ῥύομαι) "구원한다, 구출한다, 건져낸다, 보존한다"의 제1과거 수동으로, "구출될 수 없는 자리에서, 하나님에 의하여 단번에 능히 건져냄을 받은 상태"를 의미하며, "사자의 입"은 그 당시 원형극장의 사자이거나, 네로나 기타 로마의 악독한 황제들이나 핍박하는 자들을 의미한다. 오늘도 주의 종들을 넘어뜨리기 위하여 마귀는, 우는 사자같이 부르짖고 있다. 그러나 주께서 곁에 서서 강건케 하시며, 보호하시니 두려워하지 말 것이다.

Ⅷ. 마지막 문안과 축복(4:19-22)

바울 사도는 최후에 믿음의 아들 디모데에게 문안과 부탁과 축복으로 끝맺고 있다. 그의 최후의 친필은 참으로 엄숙한 것이다.

"19.브리스가와 아굴라와 및 오네시보로의 집에 문안하라. 20.에라스도는 고린도에 머물렀고, 드로비모는 병듦으로 밀레도에 두었노니. 21.겨울 전에 너는 어서 오라 으불로와 부데와 리노와 글라우디아와 모든 형제가 다 네게 문안하느니라. 22.나는 주께서 네 심령에 함께 계시기를 바라노니 은혜가 너희와 함께 있을 지어다.(4:19-22)

1. 문　안

1) 브리스가와 아굴라에게(19절)

이들은 부부로서 바울을 헌신적으로 도와준 것을 바울은 잊을 수 없었다.(롬 16:3; 행 18:2; 고전 16:19) 본도에서 난 유대인으로 고린도에서 바울을 통하여 복음을 듣고(행 18:1-2), 이후 바울의 충실한 협조자가 되었다. 장막공으로 평일은 바울과 같이 일하고, 안식일에는 바울을 도와 복음 전도에 힘썼다. 바울이 고린도를 떠날 때 함께 에베소로 왔고(행 18:18, 26), 그 후 글라우디오 황제의 죽음으로 유대인 박해가 그치므로, 로마로 돌아갔다.(롬 16:3)

2) 오네시브로(19절) (딤후 1:16 참조)

"원컨대 주께서 오네시브로의 집에 긍휼을 베푸시옵소서"(행 14:1)에 이고니온에서 회개하고 제1차 전도여행 때에 바울을 정성껏 접대하였다.

　　3) 에라스도(20절)

　고린도인으로 고린도시의 재무로 있다가, 바울의 조수가 되었다. "고린도에 머물렀고"라고 했는데, 그의 이름이 두 곳에 있다.(행 19:22; 롬 16:23) 이 인물은 같은 인물로 추측된다. 즉 로마 감옥에서 석방된 바울은 중간 여행을 하는 중 디모데를 에베소에, 디도는 그레데에 남겨둔 채, 에라스도와 드로비모를 데리고, 계속 전도여행을 하다가, 다시 체포되었을 것이다. 그러므로 두 사람을 각각 그들의 고향으로 보낸 것이다.(혹은 체포되기 전에)

　　4) 드로비모(20절)

　그는 에베소 사람으로 바울의 3차 전도여행에 드로아에서부터 동행한 신자였다.(행 20:4, 21:29) 위의 두 사람은 각각 그 지방 교회를 돕기 위하여 배치되었을 것이다. 그의 병이 정신적인 병보다는 육체적인 질병으로 보이나 확실히 알 수는 없다. 바울이 에베소교회의 구제헌금을 가지고 예루살렘에 갈 때에 함께 동행 하였다.

　　2. 부　탁(21절)

21절에 "겨울 전에 너는 어서 오라"

바울이 디모데에게 **"겨울 전에 오라"** 한 것은 겨울에는 해상 통행이 곤란한 까닭인 듯하다. (행 27:7-8)에 바울이 항해의 경험이 있기 때문에 부탁한 것인데, 스승으로서 제자들의 어려움을 해결하기 위한 따뜻한 사랑을 보이고 있는 것이다.

3. 문안자의 소개(21 下)

① 부데, 으불로, 리노, 글라우디아는 로마에 있던 신자들로 디모데의 친구이다.

② 리노 : 베드로와 바울에 의해 세워진 로마의 초대 감독이 아닐까 한다.

③ 글라우디아 : 이는 로마식의 이름으로 글라우디오 황제(행 18:1-2, 41-51재위)의 누이가 아닌가 생각한다. 그렇다면 궁중에 복음이 들어갔을 것이다.

④ 모든 형제가 문안함

4. 축 복(22절)

"나는 주께서 네 심령에 함께 계시기를 바라노니"(갈 6:18; 빌 4:23)

"은혜가 너희와 함께 있을 찌어다" 심령은 인격의 중심이다. 마지막은 전부 바울의 친필로 추축한다.

디 도 서

감독은 하나님의 청지기로서
책망할 것이 없고
제 고집대로 하지 아니하며 급히 분내지 아니하며
술을 즐기지 아니하며 구타하지 아니하며
더러운 이를 탐하지 아니하며
오직 나그네를 대접하며 선을 좋아하며
근신하며 의로우며 거룩하며 절제하며
미쁜 말씀의 가르침을 그대로 지켜야 하리니
이는 능히 바른 교훈으로 권면하고
거스려 말하는 자들을 책망하게 하려 함이라

서 론

 "디도" "티토스"(Τιτος)는 "공경"의 뜻이다. 디도는 본래 이방인(헬라)으로 기독교로 개종하여(갈 2 : 1-3), 순회 전도 시에도 바울과 동행하여 고락을 같이 하며, 바울을 도와서 동역한 사람이었다.(고후 7 : 13-15) 디도는 고린도교회가 여러 문제로 복잡할 당시 신실한 일꾼으로서 봉사하기도 하였다. A. D. 63-64년 경 디모데를 에베소에 머물게 한 바울과 디도는, 그레데를 방문하였다. 그레데에 잠시 머문 후 바울은 디도를 남겨두어 그레데의 교회를 지도하도록 하고 떠났다.(딛 1:5) 그 후 바울은 이 서신을 써서 디도에게 보내게 된 것이다. 본 서신이 기록된 정확한 시기와 장소는 알 수가 없으나, 바울이 A. D. 65년 경에 기록하였다.(목회서신의 저자와 연대에 대하여 더 자세히 알기 위해서는 딤전 주석을 참조하라) 디도서의 목적은 디도에게 그레데교회에서 그가 무엇을 해야 하며, 무엇을 가르쳐야만 하는가를 보여주려는 것이었다. 디도서의 독특한 한 가지 주제는, 하나님의 백성들 가운데서, 선한 일을 이루시는 은혜의 역사에 관한 것이었다.(딛 2:11-3:8) 바울은 겨울 동안에 니고볼리에서 디도와 다시 재회하기를 원했는데(딛 3:12), 이 소원이 이루어졌는지의 여부는 알 길이 없다. 바울에 의하면(딤후 4:10), 디도는 최후에 달마디아(오늘의 유고슬라비아)로 간 것으로 되어있다. 전

승에 의하면 디도는 다시 그레데로 돌아와서 마지막까지
그곳에서 교회를 섬기다가 종신하였다.

Ⅰ. 문　안(1:1-4)

"1.하나님의 종이요 예수 그리스도의 사도인 바울 곧 나의 사도 된 것은 하나님의 택하신 자들의 믿음과 경건함에 속한 진리의 지식과. 2.영생의 소망을 인함이라 이 영생은 거짓이 없으신 하나님이 영원한 때 전부터 약속하신 것인데. 3.자기 때에 자기의 말씀을 전도로 나타내셨으니 이 전도는 우리 구주 하나님의 명대로 내게 말하신 것이라. 4.같은 믿음을 따라 된 나의 참아들 디도에게 편지하노니 하나님 아버지와 그리스도 예수 우리 구주로 좇아 은혜와 평강이 네게 있을 지어다."(딛 1:1-4)

1. 바울은 누구인가?(1:1-2)

1) 바울은 하나님의 종(1절)

"하나님의 종이요" "두울로스 데우"(δούλος Θεού)는 "하나님의 노예, 하나님의 종"이라는 말로, 이것은 완전히 하나님께 소유되고, 붙들린 상태를 의미한다.

그러므로 바울은 자기가 하나님께 종의 신분으로 소유되어져 있음을 자랑한 것으로 본다. "하나님의 종 바울"이란 말은 하나님께 예속되어, 하나님을 위해서 순종하고 복종하며, 자기의 전 생애를 희생함을 뜻하는 것이다.

2) 예수 그리스도의 사도이다.(1절)

"사도" "아포스톨로스"(ἀπόστολος)는 "보내진 자"라는 말로, 바울은 자기가 예수 그리스도로부터 보내졌다는 사실에 대하여, 신념과 긍지를 가지고 있음을 본다. "예수 그리스도의 사도인 바울"이라는 말은 예수 그리스도의 소유로서, 그리고 그를 위하여 특별히 보내진 바울이라는 뜻을 갖는다.

① "하나님의 택하신 자들의 믿음" "카타 피스틴 에크렉톤 데우"(κατὰ πίστιν ἐκλεκτῶν θεοῦ)는 "하나님의 택하신 자들의 믿음을 따라"이며, 이는 바울이 사도가 된 것은, "하나님이 부르신 자들에게 믿음을 전파하기 위해서 되었다는 뜻"이다. 그러므로 바울은 (롬 1:5)에서 "그로 말미암아 우리가 은혜와 사도의 직분을 받아 그 이름을 위하여 모든 이방인 중에서 믿어 순종케 하나니"라고 했다. 여기에도 선택의 교리가 있으니, 하나님께서 택하신 자만을 위하여 예수 그리스도를 보내셨다고 하였다.

② "경건에 속한 진리의 지식" "에피그노신 알레데이스 테스 카트 유세베이안"(ἐπίγνωσιν ἀληθεῖς τῆς κατ' εὐσέβειαν)은 "경건을 따르는 진리의 지식, 경건(敬虔)에 대한 진리(眞理)의 지식"이라는 의미이고, "경건" "유세베이아"(εὐσέβεια)는 "좋은 예배"라는 뜻으로 하나님을 기쁘시게 하며 영광 돌리는 것을 의미하며, "진리의 지식"은 하나님께 영광 돌리게 하는 하나님의 방편을 의미한다.

"진리" "알레데이아"(ἀλήθεια)는 그리스도를 뜻하며

(요 14:6), "지식" "에피그노시스"(ἐπίγνωσιο)는 배움으로 자세히, 확실히 아는 지식을 뜻한다.

3) 택한 자들의 영생의 소망 때문(2절)

"영생(永生)의 소망(所望)을 인함이라" "에프 엘피디 조에스 아이오니온"(ἐπ' ἐλπίδι ζωῆς αἰωνίον)은 "영생의 희망에 의하여"이다. 다시 말하면 하나님이 택하신 자들에게 믿음을 가지게 함이요, 영원한 생명의 희망이 있음을 알려주기 위해서 사도가 되었다는 뜻이다. 하나님이 택하신 자들에게는 영원한 생명이 부여되며, 영원한 삶이 주어진다. "약속하신" "에펭게이라토"(ἐπηγγείλατο)는 "에팡겔로"(ἐπαγγέλλω) "약속한다, 언명한다, 선포한다, 자백한다"의 제1과거 중간태 능동으로, "하나님 자신이 자신을 위해 스스로 한 번에 결단한, 영원히 변경되거나 취소될 수 없는 상태"를 의미한다.(요 12:50) "영원한 때 전부터 약속"에서 "때"는 시간이 시작된 현 세대를 말하며, "영원한 때"란 아득한 창세의 태고를 말하며, "전"이란 창조 이전을 가리킨다. 하나님은 인류에게 영생의 축복을 주시기를 창조 이전에 선택하셨다.(딤후 1:9; 엡1:4)

2. 바울은 무엇을 맡았는가?(3절)

1) 바울은 전도를 맡았다.(3절)

"전도" "케뤼그마"(κήρυγμα)는 "선포, 메시지, 설교, 전도”라는 말로, 하나님이 영원한 때 전부터 약속하신 영생을 나타내는 하나의 길을 뜻하며, “맡기신 것이라” “에피스튜덴”(ἐπιστεύθην)은 “피스튜오”(πιστεύω) “믿는다, 맡긴다”의 제1과거 수동으로, “맡겨진 것이라”이며, “하나님의 명대로” “카드 에피타겐 투 데우”(κατ’ ἐπιταγὴν τού Θεού)는 “하나님의 명령을 따라”이며, 이는 변경시킬 수 없는 하나님의 약속의 말씀을 따라서 하나님에 의하여 단번에 맡겨진 것이므로, 전도는 취소될 수 없는 것이다. 그러므로 말씀을 전하는 “케뤼그마”(κήρυγμα)를 맡은 자는 자기의 생을 전도하는 것으로 마치지 않으면 안 될 것이다. 바울은 (살전 2:4)에 “오직 하나님의 옳게 여기심을 입어 복음 전할 부탁을 .받았으니”라고 했는데 “부탁을 받았으니” “피스튜데나이”(πιστευθήναι)도 “하나님에 의하여 맡겨짐”을 의미한다. 이와 같이 그리스도의 종들은 그리스도의 십자가의 용서와 은혜의 기쁜 소식을 맡은 자들이다. 그러므로 율법이나 행위의 의로움을 전하지 말고, 그리스도의 은혜의 복음만을 증거할 것이다.

2) 바울은 직분을 맡았다.(딤전 1:12)

“직분” “디아코니아”(διακονία)는 “봉사, 섬기는 일, 준비하는 일, 집사직”이란 뜻으로 여기서는 바울의 사도의 직분(職分)을 뜻하며, “직분을” “에이스 디아코니안”(εἰς διακονίαν=into ministry)은 “섬김을 위하여, 직분을 향하여”라는 말로, 점점 깊어져 가는 봉사와 섬김을 뜻하며, “맡기심이니” “데메노스”(θέμενος)는 “티데미”(τίθημι)의 “놓는다, 둔다, 정한다, 준다”의 제2과거 중간태 분사로, 이것도 “그리스도께서 자신(自身)을 위해서 단번에 맡기심”을 의미하며 “충성되이 여겨”에서 “여겨” “헤게사토”(ἡγήσατο)는 “헤게오마이”(ἡγέομαι) “생각한다, 여긴다”의 제1과거 능동으로, 그리스도께서 스스로 인정하여 줌을 의미한다. 고로 사명과 섬김의 직분을 맡은 자는 겸손을 최선의 미덕으로 삼아야 한다.

3. 같은 믿음을 따른다는 것은?(4절)

1) 본질이 같은 믿음을 따르는 것임(4절)

“같은 믿음을 따라 된 나의 참아들 디도에게 편지(便紙)하노니”에서 “같은 믿음을 따라” “카타 코이넨 피스틴”(κατά κοινήν πίστιν=according to a common faith)은 본질이 같은 믿음을 따르는 것을 의미한다. 우리가 믿는 믿음의 대상자는 성부·성자·성령의 삼위일체 하나님이시다. 그리고 “같은 믿음”이란 이 말씀에서, 바울은 자신을 특수한 위치에 두지 않고 디도와 더불어 일반적 신자들의 대열에 둔 것을 의미한다. 믿음은 일반적인 것이요, 사명은 특수한 사도직을 맡았던 것이다. 바울은 “나의 참 아들”이라는 호칭을 디모데에게도 사용한바 있다.(딤전

1:2) 특별히 디도가 본 절에서 "같은 믿음을 따라 된 참 아들"이라고 소개되는 것은, 그가 단순히 개종한 자의 차원을 넘어서 바울의 믿음을 물려받아 공유하고 있는 자임을 나타내고 있다.

2) 협동하는 믿음을 따르는 것임(4절)

"같은 믿음을 따라"에서 "같은" "코이넨"(κοινὴν)은 "일반적, 공통한, 공중의"란 뜻이며, 이 말에서 온 "코이노네오"(κοινωνέω)는 "참여한다, 같이한다, 한몫 낀다, 관심을 가진다."는 말이고 명사 "코이노니아"(κοινωνία)는 "합동, 교제, 관대, 동정, 참여, 같이함, 나눔"이란 의미이다. 이와 같이 우리가 같은 교회에서, 같은 주님을 믿는 그 믿음을 따른다는 것은, 다 같이 그리스도의 교회에서 충성하고 봉사하며 교제에 참여하는 신앙생활을 수행한다는 의미가 있다.

3) 본질이 같아지는 것임(4절)

"참아들" "그네시오 테크노"(γνησίῳ τέκνῳ)는 "합법적인 자녀, 참된 자녀"라는 의미이다. 이와 같이 같은 믿음을 따른다는 것은, 인간성의 본질이 같아지는 것을 뜻하며, 목적과 삶이 같아지는 것을 의미한다. 교회는 반드시 같은 믿음을 가지고 살아가는 것이 필요하다. 왜냐하면 인간의 본질이 같아진다는 것은 하나가 됨을 의미하기 때문이다. 그런데 오늘의 한국 교회는 같은 믿음을 가지고, 같이 사랑하고 봉사하지 못하고, 교파끼리 싸우고, 같은 교리끼리 싸우고, 같은 교회가 싸우고, 같은 교단이 싸우는 이유는 어디 있는 것인지, 이것이 우리가 풀어야 할 현실적인 과제인 것이다.

Ⅱ. 장로의 자격(1:5-9)

"5.내가 너를 그레데에 떨어뜨려 둔 이유는 부족한 일을 바로잡고 나의 명한 대로 각 성에 장로들을 세우게 하려함이니. 6.책망할 것이 없고 한 아내의 남편이며 방탕하다하는 비방이나 불순종하는 일이 없는 믿는 자녀를 둔 자라야 할지라. 7.감독은 하나님의 청지기로서 책망할 것이 없고 제 고집대로 하지 아니하며 급히 분내지 아니하며 술을 즐기지 아니하며 구타하지 아니하며 더러운 이를 탐하지 아니하며. 8.오직 나그네를 대접하며 선을 좋아하며 근신하며 의로우며 거룩하며 절제하며. 9.미쁜 말씀의 가르침을 그대로 지켜야 하리니 이는 능히 바른 교훈으로 권면하고 거스려 말하는 자들을 책망하게 하려함이라."(1:5-9)

1. 그레데에 디도를 남겨둔 이유(1:5절)

1) 부족한 일을 바로잡기 위함(5절)
"부족한 일" "타 레이폰타"(τὰ λειπovτα)는 "남아있는 일들, 부족한 일들, 모자라는 일들"이라는 말로, "신앙적으로, 조직적으로 모자라고, 부족한 일들"을 의미하며, "바로잡다" "에피디올도오"(ἐπιδιορθόω)는 "교정한다, 고친다, 한층 더 바르게 한다"는 뜻으로 잘못된 것을 수정하고 고쳐주는 것을 의미한다.

2) 각 성에 장로들을 세우기 위함(5절)

"각 성에" "카타 폴린"(κατὰ πόλιν=in each city)은 "성을 따라서"이며, 아마 그레데 안에는 많은 작은 도시가 있었던 것 같으며, "장로" "프레스뷔테로스"(πρεσβύτερος)는 나이 많은 늙은이를 뜻하는데, 초대교회는 장로들을 세울 때, 나이 많은 분들을 세운 것 같으며, "세운다" "카디스테미"(καθίστημι)는 "지명한다, 임명한다, 책임을 맡긴다, 세운다, 만든다"는 의미로, 장로는 책임을 맡은 사람을 가리키는데, 이는 교회를 돌보며 보살피는 중책을 의미한다.

2. 장로의 자격

1) 책망할 것이 없어야 함(6절)

"책망할 것이 없고" "아넹크레토스"(ἀνέγκλητος)는 인격적으로, 법률적으로, 비난할 것이 없는 것을 뜻하며, 신앙적으로도 성숙한 상태를 의미한다. 장로는 첫째 성품이 좋아야함을 보여준다. 장로의 자격은 신앙은 두말할 나위도 없다. 그러나 장로는 내적인 성격이 훌륭하지 않으면 안 될 것이다. 왜냐하면 믿음이 있어도 성격이 까다롭고 모나면, 교회의 많은 신자들을 다스리며 보살필 수가 없기 때문이다. 그러므로 본문의 "책망할 것이 없다"는 것은, 성품과 인격이 온화하고, 원만한 것을 의미한다. "감독은 청지기로서 책망할 것이 없고"에서 "감독" "에피스코포스"(ἐπίσκοπος)는 "감독(overseer), 수호자(watcher)"이며, 동사 "에피스코페오"(ἐπισκοπίω)는 "주목한다, 주의한다, 감독한다, 감시한다, 돌본다"는 의미이며, "청지기" "오이코노모스"(οἰχονόμος)는 "관리인(manager), 청지기(house stew-ard)"라는 말로, 집을 관리하며 보살피는 것을 의미한다. 교회의 장로의 직은 권위나 명예의 직분이 아니고, 교회를 돌보고 관리하며 지키는, 섬김의 직분이므로 장로들은 겸손히 교회를 돌보며 받들어 섬길 것이다.

2) 한 아내의 남편이어야 함(6절)

"한 아내의" "미아스 귀나이코스"(μιάς Υυναικός)는 "한 여자에게 속한"이며, "한 아내의 남편"은 "한 아내에게만 속한 남편"을 의미하며, 본문에서는 한 여자에게만 소속된 남편을 강조하고 있다. 그러면 한 아내의 남편이어야 한다는 이유는 무엇인가? 그것은 첫째 하나님의 말씀에 어긋나지 않기 위함이요, 둘째는 가정을 바로 이끌어가지 않고는 하나님의 뜻을 수행할 수 없기 때문이다. 그리

고 셋째는 기독교의 핵심적(核心的)인 윤리가 사랑의 윤리
인 까닭이다.

3) 믿는 자녀를 둔 자라야 함(6절)

"방탕(放蕩)하다 하는 비방이나, 불순종(不順從)하는
일이 없는" "메 엔 카텔고리아 아소티아스 에 아뉘포탁
타"(μὴ ἐν κατηργορίᾳ ασωτιας ἢ ἀνυπότακτα)는 "방탕
과 불순종에 습관적으로, 계속하여 머물지 않는 상태"이
다. 믿는 자녀들이라 하더라도 순간적인 방탕이나, 불순종
은 있을 수 있을 것이다. 그러나 고의적이고 습관적인 방
탕이나 비난과 불순종에 머문다면, 그 사람은 장로의 자격
이 없다는 의미이다. 그리고 "믿는" "에콘 피스타"(ἔχων
πιστα)는 "믿음을 가진"이며 이는 계속하여 믿는 상태를
뜻한다.

4) 고집대로 하지 아니해야 함(7절)

"고집대로" "아우다데"(αὐθάδη=self-pleasing)는 "아
우토스"(αὐτός)의 "자신"이란 말과 "헤도네"(ἡδονή)의
"쾌락, 기쁨, 향락"이란 말의 합성어로, 자신의 기쁨과 이
익만을 추구하는 거만하고, 교만한, 고집쟁이를 의미한다.
그리고 "제 고집대로 하지 아니하며" "데이~메아우다
데"(δεί~μὴαὐθάδη)는 "반드시 자기를 기쁘게 하지 않아
야 하며, 반드시 자기의 고집대로 하지 않으며"라는 뜻이

다. 교회에서 하나님의 뜻을 뒤로 하고, 자기의 뜻을 좇는 장로도 문제이고, 주체성이 없어 흔들리는 장로도 문제인 것이다.

5) 급히 분내지 않아야 함(7절)

"급히 분내지 아니하며" "데이~메 올리곤"(δεί~μὴ opiYov)은 "반드시 화내기를 잘 하지 아니하며"이며, 이것은 습관적으로 성내는 데 익숙한 상태에서, 성내지 말라는 의미이다. 우리가 일상생활에서, 별것이 아닌 것을 가지고도 화를 잘 내는 것은, 거기에 습관적으로 익숙해져 있기 때문이다. 이와 같이 교회를 다스리며, 보호하며, 인도하는 감독이 툭하면 화를 내며, 얼굴을 붉힌다면, 그는 지도자로서 자격에 합당치 못한 사람이다. 왜 그럴까? 화를 내는 것은 마귀의 술책에 넘어가는 것이기 때문이다. 그러므로 감독의 성품은 반드시 너그럽고, 관대하며 부드러워야 하는 것이다.

6) 술을 즐기지 않아야 함(7절)

"술을 즐기지 아니하며" "데이 메 파로이논"(δεί μὴ πάροινov)은 "반드시 술에 취하지 아니하며, 반드시 술에 미치지 아니하며, 빠지지 아니하며"이며, 이는 술로부터 멀리 떨어져야 한다는 의미이다.(잠 23:29-31) 본문의 "술을 즐기지"의 "파로이노스"(πάροινος)는 "파라"(παρά)

의 "곁에"라는 말과 "오이노스"(οἶνος)의 "포도주"라는 말의 합성어로, 술의 곁에 있는 상태를 뜻하며, 술에 지배를 받는 상태를 의미한다.

7) 구타하지 않아야 함(7절)

"구타하지 아니하며" "데이 메 폴렉텐"(δεί μὴ πλήκτ-ην)은 "반드시 싸움하기 좋아하지 말며"이다. 이것도 역시 다른 사람과 싸움하는 일에 습관적으로 익숙하여 있는 상태를 의미한다. 본문의 구타는 반드시 남을 때리는 것만을 의미하지 않고, 여러 모양으로 타인에게 상처를 주는 행동을 의미한다. 주먹으로 치지 않아도, 말만 가지고도 때리는 그 이상으로 상대방에게 마음에 깊은 상처를 주고, 육체의 병까지 줄 수 있는 것이니, 교회의 감독자들은 특별히 말과 행동이 부드럽고 친절하지 않으면 안 된다.

8) 더러운 이를 취하지 않아야 함(7절)

"더러운 이를 취하지 아니하며" "데이 메 아이스크로켈데"(δεί μὴ αἰσχροκερδή)는 "반드시 옳지 않은 이익을 좋아하지 말며"이며 이는 물질적인 면에서의 이익을 의미한다. "제 고집대로" "아우다데"(αὐθάδη=self-pleasing)는 정신적인 이익을 의미한다면, "더러운 이"는 물질적인 이익을 의미한다. 이와 같이 교회의 감독이나 장로는 정신적인 면에서나, 물질적인 면에서 자기의 이익을 추구하기

쉬운 것이다. 그러므로 감독의 직분을 가진 자들은 항상
자신을 돌아보고 반성해야 할 것이다.

9) 나그네를 대접해야 함(8절)

"나그네를 대접하며" "필록쎄논"(φιλόξενον)은 "필레
오"(φιλέω)의 "사랑한다"는 말과 "크세노스"(ξένος)의
"나그네"란 말의 합성어로, 나그네를 사랑하는 것을 의미
한다. 교회의 감독은 왜 나그네를 사랑해야 하는가? 그것
은 모든 인간은 똑같이 이 세상을 지나가는 순간의 실존
이며, 아버지의 집을 찾아가는 나그네(pilgrim)이며, 순례
자이기 때문이다. (히 13:1)에 히브리 기자는 "손님(나그
네) 대접하기를 잊지 말라"고 했다.

10) 선을 좋아해야 함(8절)

"선을 좋아하며" "필라가돈"(φιλάγαθον)도 "필레오"
(φιλέω)의 "사랑한다"는 말과 "아가도스"(άγαθός)의 "선
한"이라는 말의 합성어로, 선을 좋아하는 것 이상으로 사
랑하는 상태를 의미한다. 그러면 여기서 선은 무엇을 의미
하는가? 윤리적인 선을 뜻한다. 그러나 사회적이며, 국가
적인 원리가 아니고, 더 높은 하나님의 윤리를 의미한다.
그러므로 본문에서의 감독자가 가져야할 선은 하나님이
원하시는, 최고선인 사랑의 선을 의미한다. 왜냐하면 하나
님의 사랑의 선은, 허물과 죄로 죽을 수밖에 없는 죄인의

괴수에게까지 사랑과 은혜가 베풀어지는 선이기 때문이며,
또 하나님의 선을 이루기 위함이다.(롬 8:28)

11) 근신해야 함(8절)

"근신하며" "소프로나"(σώφρονα)는 "똑똑한 정신을 가지
며, 건전한 마음을 가지며, 진실하며, 자제하며"라는 말로,
이는 자기 자신을 억제(抑制)하고 절제하며, 다스리는 마
음과 정신의 온전함을 의미한다. 목회자나 장로들이 어디
서 실패하는가? 자기를 다스리지 못할 때 실패하게 되는
것이니, 자신을 이기는 최고의 비결은 인간의 노력에 있는
것이 아니고, 그리스도의 십자가의 은혜 속에 숨는 것이
다.(갈 6:14)

12) 말씀의 가르침을 그대로 지켜야 함(9절)

"미쁜 말씀의 가르침을 그대로" "투 카타 텐 디다켄
피스투 로구"(τού κατὰ τὴν διδαχὴν πιστού λόγου)는
"신실한 말씀의 그 교훈을 따라서"이며, "지켜야 하리니"
"안테코메논"(ἀντεχόμενον)은 "안테코"(ἀντέχω) "달라
붙는다, 꼭 붙잡는다, 몸을 바친다, 관심을 가진다, 주목한
다"의 현재 중간태 분사로, "자신 스스로를 위해서, 가르
침을 받은 꼭 그 말씀의 교훈대로 행하는 것"을 의미한다.
왜냐하면 자기가 하나님의 말씀에 순종치 않고는, 불순종
하는 자를 순종케 할 수 없기 때문이다.

13) 바른 교훈으로 권면하기 위함(9절)

능히 바른 교훈으로 권면하기 위함이다. "미쁜 말씀의 가르침을 그대로 지켜야 하리니, 이는 능히 바른 교훈으로 권면하고 거스려 말하는 자들을 책망하게 하려 함이라"에서 "바른 교훈으로" "엔 테 디다스칼리아 테 휘기아이누세"(ἐν τῆ διδασκαρίᾳ τῆ ὑϓιαινούσῆ)는 "그 건강한 가르침 안에서, 건전한 교훈으로"이며, 이는 병든 사람을 건강케 하는 교훈과 가르침 속에 붙어 머물러 있는 상태이다. 이와 같이 자기가 먼저 위에서 열거한 신앙의 고매함과, 인격의 원만함이 없이는 건전한 가르침으로 병든 신자들을 바르고 건강하게 살도록 권면 할 수가 없는 것이다. 그러므로 본문의 말씀처럼 신실한 말씀의 가르침을 그대로 지켜야 하는 것이다.

14) 바른 교훈으로 위로를 주기를 위함(9절)

"권면 하다" "파라칼레오"(παρακαλέω)는 "옆으로 부른다, 소집한다, 이끈다, 권한다, 호소하다, 강권한다, 격려한다, 위로한다"이다. 그러므로 본문에서의 뜻은 권면에 가까우나, 좀 더 깊이 생각하면 위로를 의미하고 있다. 대개 교회를 찾는 사람들은, 이 세상에서 만족을 느끼지 못하며, 슬픔과 고통과 번민에 싸여 있는 자들이 많은 것이다. 그러므로 이와 같은 초신자들에게는 권면도 필요하나, 그보다 더 근본적으로 필요로 하는 것은, 사랑의 위로와 쉼과 평화가 아닐 수 없다.

   15) 거스르는 자를 책망하기 위함(9절)

   "거슬러 말하는" "안티레곤타스"(ἀντιλέγοντας)는 "안
티레고"(ἀντιλέγω) "반대한다, 부정한다, 거절한다, 대항
한다"의 현재분사로, "말로 대항하며, 불순종하는 생활에
익숙한 습관적인 상태"에 있는 자들을 의미하며, "책망한
다" "엘렝코"(ἐλέγχω)는 "죄를 깨닫게 한다, 꾸짖는다,
교정한다, 징계한다"는 말로, 위의 "권면" "파라칼레시
스"(παράκλησις)보다 좀 딱딱하고 예리한 책망을 의미
한다.

Ⅲ. 거짓 교사의 특징(1:10-16)

"10.복종치 아니하고 헛된 말을 하며 속이는 자가 많은
중 특별히 할례당 가운데 심하니. 11.저희의 입을 막을
것이라 이런 자들이 더러운 이를 취하려고 마땅치 아니
한 것을 가르쳐 집들을 온통 엎드러치는도다. 12.그레데
인 중에 어떤 선지자가 말하되 그레데인들은 항상 거짓
말장이며 악한 짐승이며 배만 위하는 게으름장이라 하
니. 13.이 증거가 참되도다. 그러므로 네가 저희들을 엄
히 꾸짖으라 이는 저희로 하여금 믿음을 온전케 하고.
14.유대인의 허탄한 이야기와 진리를 배반하는 사람들

의 명령을 좇지 않게 하려 함이라. 15.깨끗한 자들에게
는 모든 것이 깨끗하나 더럽고 믿지 아니 하는 자들에
게는 아무 것도 깨끗한 것이 없고 오직 저희 마음과 양
심이 더러운 지라. 16.저희가 하나님을 시인하나 행위로
는 부인하니 가증한 자요 복종치 아니하는 자요 모든
선한 일을 버리는 자니라.”(1:10-16)

본문은 이단을 경계해야 할 것을 가리킨다. 여기서 거짓
스승들은 아마 당시 율법주의자들인 듯하다. 그들은 아직
도 율법주의를 가지고, 음식물에도 종교적 정결, 혹은 불결
을 의미하는 종류가 있다고 주장한 것 같다. 여기서 더러
운 자는 유대인들의 옳지 않은 금욕주의를 가르쳤다. 그들
은 어떤 음식은 그 자체가 불결하여 먹을 수 없다고 했다.
그러나 그것은 진리를 모르고 말하는 무식의 소치(所致)이
다.

1. 이단의 입을 막아야 한다.(1:10-12)
즉 입을 경계해야 한다. 이는 거짓을 말하지 못하도록
하는 것이다. 그들의 말을, 들어보자고 해서 들어보고 상
대하다가, 유혹을 받으면 넘어가기가 쉬운 것이니, 이들은
상대하지 말아야 한다.

1) 복종치 아니함(10절)
“할례당 가운데” “에크 테스 페리토메스”(ἐκ τῆς περ

-ιτομῆς)는 “그 할례당으로부터, 그 할례 주의에 속한”이
라는 말이며, 이것은 할례 곧 그리스도의 십자가의 공로를
반대하고, 오직 인간의 행위를 주장하는 자들의 모임을 뜻
하고, 거기에 속한 자들은 복종치 않는 것이 제1의 특징이
다. “복종치 아니하고” “아뉘포탁토이”(ἀνυπότακτοι)는
“아”라는 부정사(不定詞 : not)와 “휘포타스소”(ὑποτάσσω)
“복종시킨다, 종속시킨다, 예속한다, 종속한다, 복종한다,
순종한다”는 말의 합성어로, 근본적으로 그리스도의 본질
에 속하지 않은 것을 의미한다. 고로 할례당은 그리스도의
바른 교훈에 항상 복종치 않는 것이 특징이며 인간의 행
위를 강조하는 것이 특징이다.

2) 헛된 말을 함(10절)

“헛된 말을 하며” “마타이오로고이”(ματαιολόγοι)는
“마타이오스”(μάταιος)의 “게으른, 열매 없는 , 쓸데없는,
텅 빈, 무익한, 목적 없는, 참이 없는, 무상한, 힘없는”이라
는 말과 “레고”(λέγω)의 “말한다”는 말의 합성어로, 동기
와 내용과 목적이 없는, 헛되고, 공허하며, 아무런 열매도
없는 무가치한 말들을 의미한다.

3) 속이는 자가 많음(10절)

“속이는 자” “프렌나파타이” (φρεναπάται)는 “프렌”
(φρήν)의 “이해(理解), 생각, 마음, 목표”라는 말과 “아파

테”(ἀπάτη)의 “속임, 사기, 허위, 쾌락, 유쾌, 정욕”이란 말의 합성어로, 비(非)진리를 통하여, 목적을 속이며, 자기들의 정욕을 채우기 위하여 정신적인 공허와 물질적인 사기를 일삼는 것을 의미한다.

4) 안 될 것을 가르쳐 어지럽게 한다.(11절)

“항상 거짓말장이며” “아에이프슈타이”(ἀεὶφεύσται)는 “자신을 위해서 항상 속이며, 거짓말을 습관적으로 하는 자들”을 뜻하며, 11절의 “더러운 이를 취하려고 마땅치 아니한 것을 가르치는 자들”을 의미하는데, 여기서 “더러운 이” “아이스크루 켈두스”(αἰσχροῦ κέρδους)는 “물질적이며, 정욕적인 추하고 무가치(無價値)한 이익”을 뜻하고, “가르쳐” “디다스콘테스”(διδάσκοντες)는 “디다스코”(διδάσκω) “가르친다”의 현재분사로 “계속하여 습관적으로 가르치는 상태”를 의미한다. 이와 같이 이 시대에는 거짓말로 가르치는 삯꾼들이 많으므로 조심할 것이다.

5) 악한 짐승임(12절)

“악한 짐승” “카카 데리아”(κακά θηρία)는 “악한 맹수”라는 말인데, 이것은 사랑과 동정은 조금도 찾아볼 수 없는 무자비하고 포악하며, 잔인한 상태를 의미한다. 이와 같이 하나님의 선택을 입지 못한 거짓 선지자나 적그리스도는 (계 13장)에서 “짐승”으로 표현하고 있다.

6) 배만 위하는 게으름장이임(12절)

"배만 위하는 게으름장이" "가스테레스 알가이"(γαστ
-έρες άργαι)는, "일 없이 먹기만 하는 탐식자들"을 의미
하는데, 더 깊은 뜻은 정욕적이고, 더러운 물질적 이를 취
하고, 빼앗는 자들을 의미한다. 이와 같이 그레데인들은
현실주의자들이었으며, 물질주의자들이었으며, 더러운 이
익만을 추구하는 무가치한 인간들이었다.

그러나 그들만이 그런 것이 아니라, 오늘도 현실에 집착
하며 물질적인 유익(有益)을 위해서, 그리스도의 이름을
빙자(憑藉)하여 순진한 신자들을 속이는 고등 사기꾼들이
있으니, 그들이 바로 삯꾼들이요, 거짓 선지자들이며, 적그
리스도인 것이다.

2. 왜 꾸짖을 것인가?(1:13-14)

1) 저희의 믿음을 온전케 하기 위함(13절)

"엄히" "아포토모스"(άποτόμως)는 "엄하게, 날카롭게"
이며 "꾸짖으라" "엘렝케"(άλεγχε)는 "교정하라, 징계하
라, 죄를 깨닫게 하라"는 뜻이고, "믿음을 온전케 하고"
"히나 휘기아이노신 엔 테 피스데이"(ίνα ύγιαινωσιν έν
τῆ πιστει)는 "믿음 안에서 건강케 하기 위하여"이며, 이
는 "믿음을"이라는, 목적보다는 "믿음으로"라는 방편을 뜻
하는 말이다. 인간은 세상의 그 어떤 것으로도 온전하며,
완전한 인간이 될 수 없다. 그러나 그리스도를 믿는 그 믿

음을 통하여 건강하고 완전한 인간이 될 수 있다.

2) 허탄한 이야기를 좇지 않기 위함(14절)

"허탄한 이야기" "뮈도스"(μύθος)는 "이야기, 옛말, 고담, 신화"라는 말로, 신화와 족보에 관한 이야기들을 의미한다. 오늘날 무엇을 보고 들었다고 말하면서 순진한 신자들을 유혹(誘惑)하는 거짓 선지자들이 많음을 본다. 그러므로 그와 같은 허탄(虛誕)한 이야기를 좇는 자들을 엄하게 책망할 것이다.

3) 사람의 명령을 좇지 않게 하기 위함(14절)

"사람들의 명령" "엔톨라이스 안드로폰"(έντολαῖς άν-θρώπων)은 "사람들의 계명에"이며, "좇지 않게 하려함이라" "메 프로세콘테스"(μὴ προσέχοντες)는 "전념하지 않게 하기 위함이다. 몰두하지 않기 위함이다. 주목하지 않기 위함이다"라는 의미이다.

3. 더러운 자(1:15-16)

여기서 더러운 자는 유대인들의 옳지 않은 금욕주의를 가르쳤다. 그들은 어떤 음식은 그 자체가 불결하고 먹을 수 없다고 하였다. 그러나 그것은 진리를 모르고 하는 말이다. 하나님은 모든 것을 지으시고 좋다고 하셨다.

1) 믿지 아니하는 자들이다.(15절)

여기서 "더럽고 믿지 않는 자"는 유대인 거짓 교사들을 가리킨다. 그들은 외적인 정결 여부에 관심을 갖는다. 그러나 바울은 이들을 더러운 자라 하였다. 그 이유는 외적인 것이 아무리 정결하다 할지라도, 믿지 않음으로 인해서 이미 죄로 물들었기 때문이다.(롬 1:18-2:29; 마 15:11, 15-20; 막 7:14-23; 눅 11:28-41; 행 10:9-16, 11:1-18; 롬 14:14, 20; 갈 2:11-21; 골 2:16-23)

2) 마음과 양심이 더러운 자이다.(15절)

"오직 너희 마음과 양심이 더러운 지라"하였다. "마음과 양심"에서 "양심"은 이성의 장소요, "양심"은 도덕적 판단력을 가리킨다.(딤전 1:18)

이단자들은 마음이 부패하였고(딤전 6:5; 딤후 3:8), 양심은 화인 맞아서(딤전 4:2), 깨끗한 것과 깨끗하지 않은 것을 분간하지 못한다. 우리 신자는 각각 마음과 양심을 살펴야할 것이다.(마 5:8)

3) 하나님을 부인하는 자이다.(16절)

"저희가 하나님을 시인하나 행위로는 부인하니"하였다. 소위 신자라 자칭하는 유대인들은 자신들의 입으로, 혹은 신조로는 하나님이 계신다고 자랑하나, 실제의 행위로는 하나님을 부인하고, 하나님이 계시지 않는 것처럼 행동한다.(마 7:21)

4) 가증한 자요, 복종치 아니하는 자요, 선한 일을 버린 자이
다.(16 下)

① 가증한 자이다 "가증한 자"는 "혐오스럽고 위선이 가
득 찬 자"를 의미한다. 이것은 거짓 교사들의 말과 행위가
다름을 암시한다.

② 복종(服從)하지 아니 한다. "버리는 자" "아도키모이"
(ἀδόκιμοι)는 문자적으로 "동조하지 않는 자"를 의미한다
(롬 1:28; 고전 9:27). 이렇게 유대인 거짓 교사들은 하나님
의 영광을 추구하기보다는, 자기들의 생각과 고집을 앞세
우는 자들이다. 이런 자들은 모두 하나님 앞에 더러운 존
재이니 앞으로 쓰레기 같이 버림을 받을 것이다.

Ⅳ. 성도의 경건한 행동(2:1-10)

"1.오직 너는 바른 교훈에 합한 것을 말하여. 2.늙은 남
자로는 절제하며 경건하며 근신하며 믿음과 사랑과 인
내함에 온전케 하고. 3.늙은 여자로는 이와 같이 행실이
거룩하며 참소치 말며 많은 술의 종이 되지 말며 선한
것을 가르치는 자들이 되고. 4.저들로 젊은 여자들을 교
훈하되 그 남편과 자녀를 사랑하며. 5.근신하며 순전하
며 집안일을 하며 선하며 자기 남편에게 복종하게 하라
이는 하나님의 말씀이 훼방을 받지 않게 하려함이니라.
6.너는 이와 같이 젊은 남자들을 권면하여 근신하게 하

되. 7.범사에 네 자신으로 선한 일의 본을 보여 교훈의 부패치 아니함과 경건함과. 8.책망할 것이 없는 바른 말을 하게 하라 이는 대적하는 자로 하여금 부끄러워 우리를 악하다 할 것이 없게 하려 함이라. 9.종들로는 자기 상전들에게 범사에 순종하여 기쁘게 하고 거스려 말하지 말며. 10.떼어먹지 말고 오직 선한 충성을 다하게 하라 이는 범사에 우리 구주 하나님의 교훈을 빛나게 하려 함이라."(2:1-10)

A. 늙은 남자들의 경건한 행동(2:1-2)

1. 절제 하여야 함(1절)

"절제한다" "네포"(νήφω)는 "술 취하지 않는다, 정신 차리고 있다, 자제한다"는 말로, 외적 신앙생활의 규칙적인 상태를 의미한다. 그러므로 본문의 "절제" "네팔리우스"(νηφαλιους)는 되는 대로 믿는 것이 아니고, 열심히 기도하며, 하나님의 말씀을 보고 들으며, 봉사와 선교하는 일에 자기를 힘써 드리는 절제를 의미하는 것이다.

2. 경건 하여야 함(2절)

"경건" "셈누스"(σεμνους)는 다른 사람들로부터 존경받을만한, 고상하고 고매한 신앙적인 인격과 덕을 의미한다. 경건한 사람은 하나님이 자신을 감찰하고 계심을 알며(롬

8:27), 영원한 세계를 소망하게 된다.(히 11:13-16; 딤전 2:2)

그러나 사람이 늙으면 추해지기 마련이다. 특별히 교회에서 젊은 사람들에게 고상하고, 고매한 신앙의 인격을 보여주지 못하는 늙은이들이 많다. 신앙의 연조는 깊고, 인생의 연수(年數)는 많은데 신앙이 늙고, 삶이 낡은 남자들이 많은 것이다.

3. 근신 하여야 함(2절)

"근신" "소프로나스"(σώφρονας)는 "정신과 마음의 깨어 있음"을 말한다. 다시 말하면 마음의 절제와, 정신적인 자제를 의미한다. 인간은 늙으면 정신이 흐려지고, 마음의 생각도 늙고, 사상이 낡아지게 된다. 그러므로 육체는 비록 늙고 낡아진다 하더라도, 중심적인 믿음의 사상과 마음은 늙거나 낡아져서는 안 될 것이다.

B. 늙은 남자는 세 가지 온전함이 있어야 한다.

여기서 늙은 남자가 갖추어야 할 세 가지 덕목인 믿음, 사랑, 인내는 모든 그리스도인들에게 요구되는 가장 중요한 덕목이다. 여기서 "온전함"이란 이 세 가지가 모두 건전해야한다는 의미이다.

1. 믿음을 온전케 할 것임(2절)

믿음에 온전케 되는 것이다. "늙은 남자로는 절제하며

경건하며 근신하며 믿음과 사랑과 인내함에 온전케 하고"에서 "믿음과" "테 피스데이"(τῆ πστει=in the faith)는 "그 믿음에, 그 믿음 안에"라는 말로, 오직 그리스도를 믿는 믿음에 붙어 소유됨을 의미하며, "온전케 하고" "휘기아이논타스"(ύϓιαινοτας)는 "휘기아이노"(ύϓιαινω) "건강하다, 건전하다"의 현재분사로 믿음이 계속 온전하여짐과, 그 믿음에서 그의 인격과 삶이 건강하고 온전하여지는 것을 의미한다.

인간의 인격은 믿음 안에서 그 믿음과 함께 날마다 발전하며, 깊어져 가는 것이다. 그러므로 아무리 나이가 많아도, 그리스도를 믿는 신앙이 깊어지지 않는다면, 그의 인격도 삶도 날마다 발전하여 나갈 수 없는 것이다.

2. 사랑을 온전케 할 것임(2절)

사랑에서 온전케 되는 것이다. "사랑과" "테 아가페"(τῆ άϓάπη=in the love)는 "그 사랑에, 그 사랑으로"이며 이는 높은 가치에서 낮은 가치로 내려오는 사랑과 무조건 용서하고 구속(救贖)하시는 그리스도의 유일한 사랑을 의미하며, "사랑에 온전케 하고" "휘기아이논타스 테 아가페"(ύϓιαινοντας τῆ άϓάπη)는 그리스도의 사랑 안으로 계속하여 깊이 들어가며, 그 사랑에 의하여 존재의 인격과 삶이 깊어지고, 부요해지는 상태를 의미한다. 어떻게 인간이 건강하고 온전한 삶을 누릴 수 있는가? 오직 그리스도의 무한히 깊고 넓은 사랑 안에서만 가능한 것이다. 사람이 늙으면 사랑을 잃어버리기 쉽다. 그러나 늙은이도 그리스도의 사랑 안에서, 그 사랑으로 점점 깊어가는 신앙의 사람이 될 수 있는 것이다.

3. 인내를 온전케 할 것임(2절)

인내함에 온전케 하는 것이다. "인내함에" "테 휘포모네"(τῇ ὑπομονῇ=in the endurance)는 "그 인내에, 그 인내로"이며, 이는 그리스도 때문에 받는 시험과 고난과 고통을 잘 참고 견디는 것을 의미한다. 인간에게 신앙의 아름다움과 고상한 인격은 여러 가지의 시험과 고난을 참고 견디는 삶 속에서 조각(彫刻)되어지는 것이다.(약 1:2- 참조)

C. 늙은 여자들의 경건한 행동(2:3)

1. 행실이 거룩해야 함(3절)

"거룩하며" "히에로프레페이스"(ἱεροπρεπείς)는 "히에로스"(ἱερός)의 "거룩한"이라는 말과 "프레포"(πρέπω)의 "적당하다, 알맞다, 옳다"는 말의 합성어로, 거룩한 것에 알맞고 잘 어울리는 것을 의미한다. "성도" "하기오스"(ἅγιος)는 "거룩한 자, 깨끗한 자"라는 의미이니, 거기에 합당하고 어울리는 생활을 하여야 한다는 의미이다.

2. 참소하지 말아야 함(3절)

"참소하다" "디아발로"(διαβάλλω)는 "적의를 가지고 고소한다, 비난한다, 참소한다"이며, 여기서 온 "디아볼로스"(διάβολος)는 "악마"라는 뜻이다. 자고이래(自古以來)로 여자는 말이 많다. 그러므로 모여 앉으면 쓸데없이 남의 말을 많이 하여, 비방하고 중상모략한다. 그러나 이것이 곧 마귀를 기쁘게 하는 것이며, 마귀의 역사이니, 깊이 인식하고 늙은 여신도들은 결코 남을 비방하거나 고소하는 일에 참여치 말 것이다.

3. 술의 종이 되지 않아야 함(3절)

"많은 술의 종이 되지 말며" "데두울로메나스"(δεδου-λωμένας)는 "두울류오"(δουλεύω)의 "종이 된다, 예속된다, 종노릇한다, 섬긴다, 복종한다"의 현재 완료 수동분사로, 현재 이미 술에 의하여 지배되고 있는 상태를 의미한다.(잠 23:29-31)

술에 취하여 쉽사리 남을 험담하기 일쑤였으니, 술에 취하면 많은 언행을 습관적으로 보였음을 나타내는 것이다.

4. 선한 것을 가르쳐야 함(3절)

"선한 것을 가르치는 자들이 되고" "칼로디다스칼루스"(καροδιδασκάλους)는 좋고 선하고, 아름다운 것을 가르치는 것을 뜻하며, "가르친다"는 것은 말로 가르치는

것보다는 젊은 여인들에게 행실로 모범을 보이는 것을 의
미한다. 그러므로 "행실이 거룩하며"에서 "행실이" "엔
카타스테마티"(ἐν καταστήματι)는 "품행 안에, 품행으로"
이며, 선한 것을 가르친다 함은 젊은 여인들에게 몸의 행
실로써 교회에 헌신하고 봉사하는 본을 보이는 것을 의미
한다.

D. 젊은 여자들의 경건한 행동(2:4-5)

1. 남편과 자녀를 사랑하는 것임(4절)
"남편을 사랑하며" "필란드루스"(φιλάνδρους)는 "필
레오"(φιλέω)의 "사랑한다"는 말과 "안드로스"(ἀνδρός)
의 "남편"이란 말의 합성어로, 아내가 남편을 사랑하는 것
은, 삶의 본질임을 보여주며, "자녀를 사랑하며" "필로테
크누스"(φιλοτέκνους)도 같은 의미이고, "복종하게 하
라" "휘포타스소메나스"(ὑποτασσωμένας)는 "휘포타스
소"(ὑποτάσσω)의 "복종시킨다, 종속시킨다, 순종한다"의
현재 중간태 분사로, 자기 자신을 위해서 스스로 순종하고
복종하라는 의미이다.

2. 근신하며 순전한 것임(5절)
"근신하며" "소프로나스"(σώφρονας)는 내적으로 깨어
있는 상태이며, 정신적이며, 내적인 자아를 절제하는 자기
수양(修養)을 의미하고, "순전하며" "하그나스"(ἁγνάς)는

외적인 행위가 깨끗하고 순수하며, 고상함을 의미한다. 이와 같이 교회에서 젊은 여성도들은 먼저 정신적으로, 마음과 내적인 자아를 믿음과 말씀과 기도로 깨어 있도록, 항상 깨끗하고 순결한 인격과 교양과 삶을 가지도록 힘써야 할 것이다.

3. 집안일을 하며 선할 것임(5절)

"집안일을 하며" "오이쿨구스"(οἰκουργοὺς)는 "오이코스"(οἶκος)의 "집"이라는 말과 "엘곤"(ἔργον)의 "일"이라는 말의 합성어로, 젊은 여인이 가정의 일을 행하고 돌봄이 뗄 수 없는 사명인 것을 본다. 젊은 여인이 성품이 본질적으로 선하다 하더라도 하나님의 뜻을 따르지 않는다면 그녀는 선하지 못한 것이다. 왜냐하면 오직 선하신 분이 있다면 그는 하나님이시기 때문이다.(눅 18:19)

E. 젊은 남자들의 경건한 행동(2:6-8)

젊은 남자에 대한 교훈은 여자의 경우보다 적극적이다. 그러면 젊은 남자들에게……

1. 이와 같이 권하며, 근신할 것이다.(6절)

"이와 같이"란 3절에 젊은 여자의 경우처럼, 남자들도 근신하여 소극적 미덕을 갖추라는 것이다. "근신"이란 신중하게 자기 통제를 잘하는 것을 의미한다. 바울이 첫 번째로 이 권면을 하는 것은, 당시 이교 세계의 타락상, 특히 성도덕 문란(고전 5:1, 6:16)이 남자들을 죄 가운데로 빠뜨리기가 쉬웠기 때문이다.

2. 선한 일에 본을 보여야 한다.(7절)

"범사에 네 자신으로 선한 일의 본을 보여 교훈의 부패치 아니함과"라고 하였다. 이는 바른 교리만 지키는 것이 아니라, 모든 일에 선한 도덕률을 지켜 본이 될 것을 말한다. 바른 교리는 선한 윤리로서만 입증되는 것이다. 그리고 디도로 하여금 친히 본을 보여 줌으로 교훈의 부패를 방지할 수가 있다. 이것은 교역자의 할 일이다.

3. 교훈을 부패치 않게 해야 한다.(7절)

"교훈의" "엔 테 디다스칼리아"($\dot{\epsilon}v$ $\tau\acute{\eta}$ $\delta\iota\delta\alpha\sigma\kappa\alpha\rho\acute{\iota}\alpha$=in the teaching)는 "그 교훈 안에, 그 가르침으로"이며, 이는 그리스도에 관한 교훈을 뜻하는데, "부패치 아니함" "아프돌리안"($\dot{\alpha}\phi\Theta\rho\rho\acute{\iota}\alpha v$)은 "건전함"을 의미한다. 지금도 교회 안에서 젊은 청년들이 범하기 쉬운 것이, 바로 변론으로 인하여 교훈을 부패케 하는 것이다. 그리고 디도에게 이 서신을 써 보내던 당시에도 젊은 남자들이, 그리스도에 대한 교훈을 잘못 이해하여, 그리스도의 진리를 변질 시키는 경우가 많았다.

4. 경건해야 한다.(7절)

"경건함" "셈노테타"(σεμνότητα)는 "위덕, 위엄, 정중, 진심, 거룩함, 성실"이라는 말로, 존경받을 만한 신앙의 인격을 의미한다. 이는 "품위"를 드러내는 것이며, 다른 곳에는 "단정하고"라고 했다.(딤전 3:8-11) 젊은 사람들은 유행에 민감한 사람들이다. 그러므로 바울은 젊은 디도에게 먼저 경건의 본을 보이라고 한다.

5. 바른 말을 해야 한다.(8절)

이는 건전한 말씀으로, 바른 교리를 가리킨다.

6. 대적자로 부끄럽게 해야 한다.(8절)

이는 단순히 훼방(毁謗)을 받지 않을뿐더러, 훼방하던 자들이 오히려 부끄러워하고 반대할 수 없게 하는 것이다. 이 대적자는 옛날이나 지금이나, 교회에든 사회에든 있는 법이다. 그래서 저들에게 근신하고, 선한 본을 보임으로 해결될 수 있다. 성직자가 본을 보여 줌으로, 젊은이들이 따를 것이다.

F. 종들의 경건한 행동(2:9-10)

노예에 대한 교훈은 (딤전 6:1-2)과 같은 것이다. 신약성경의 노예에 대한 교훈(엡 6:5-8; 골 3:22)은 늘 "상전에 대한 순종"이다. 디모데전서는 믿는 주인을 섬기는 종의 경우를 언급하고(딤전 6:2), 본문의 경우는 신·불신 간에 구분 없이 주신 말씀이다. 그러면 노예는 어떠한 태도를 취하여야 하는가?

1. 범사에 순종하는 것임(9절)

"순종하다" "휘포타스소"(ὑποτάσσω)는 "복종시킨다, 종속시킨다, 순종한다, 복종한다"는 말이며, 이는 순종보다도, 복종하는 상태를 의미하며, 모든 일에 복종하라는 것은, 모든 일에 자기의 생각이나, 의지를 나타내지 말라는 의미이며, "거슬러 말하지 말며" "메 안티레곤타스"(μὴ ἀντιλέγοντας)는 "반대하지 말며, 대항하지 말라"는 의미이다. 당시의 가혹한 노예제도에 있어, 노예들은 동물처럼 취급당하며 그 이상의 대우를 받지 못하였고, 따라서 그들도 기회만 있으면 갖은 악을 서슴지 않았다. 신자의 경우는 "주안에서 형제"란 관념에서 종들이 불순종하는 수가 많고, 불신자의 경우 "신앙적 우월감"에서 더욱 불순종하게 된 것이다.(딤전 6:2) 그러므로 순종하여 기쁘게 함으로 모든 악조건이 사라질 것이다.

2. 주인을 기쁘게 하는 것임(9절)

"기쁘게 하고" "유아레스투스"(εὐαρέστους)는 "기쁘게 하며 만족을 주는 상태"이다. 종이 주인을 기쁘게 하며 만족을 주는 것처럼, 그리스도의 종들은 그리스도를 기쁘시게 하며, 영광을 돌려드려야 할 것이다.

3. 선한 충성을 다하는 것임(10절)

"떼어먹지 말고" "메 노스피조메누스"(μὴ νοσφιζομέν-ους)는 "횡령하지 말고, 떼어내지 말고, 사기하지 말고"라는 의미이다. 이것은 그 당시에 종들이 자기 주인 것을 오네시모처럼 자기의 것으로 떼어 감추는 일이 있었던 것 같으며, 그러므로 선한 충성을 하라는 것이다. "떼어먹음"(행 5:2-3)은 원래 "떼어 놓음"의 뜻에서 "남의 것을 떼어 자기에게 둠"이니, "도적질"을 가리키게 된다. 주인의 재산을 떼어 먹는 것은 노예들에게 흔한 일이었다. "선한 충성" "피스틴 아가덴"(πίστοιν ἀγαθὴν)은 주인의 것을 떼어 내지 않는 것을 의미한다. 이와 같이 하나님의 종들이 하나님의 유익과 영광을 떼어 내면, 그는 하나님의 종이 아닌 것이다.

V. 경건한 일을 이루시는 은혜의 역사(2:11-3:11)

A. 은혜로 양육하심(2:11-14)

"11.모든 사람에게 구원을 주시는 하나님의 은혜가 나타나. 12.우리를 양육하시되 경건치 않은 것과 이 세상 정욕을 다 버리고 근신함과 의로움과 경건함으로 이 세상에 살고. 13.복스러운 소망과 우리의 크신 하나님 구주 예수 그리스도의 영광이 나타나심을 기다리게 하셨으니. 14.그가 우리를 대신하여 자신을 주심은 모든 불법에서 우리를 구속하시고 우리를 깨끗하게 하사 선한 일에 열심 하는 친백성이 되게 하려 하심이니라.”(2:11-14)

1. 구원의 은혜이다.(11절)

“모든 사람에게 구원을 주시는 하나님의 은혜가 나타나”라고 하였다. 이 구원의 은혜는 “모든 사람”이라 했으니, 인종 차별이나 계급 차별이 없이, 누구든지 예수님을 믿으면 구원받을 수 있다는 사실을 암시한다. 그때에 천대 받은 노예 층에서도, 이런 구원에 참여할 수 있음을 무언 중에 지적한다. “하나님의 은혜가 나타남”은 예수님께서 이 세상에 오신 사실을 가리킨다.(요 1:16-17)

우리가 예수님으로 말미암아 받는 은혜는…… ① 죄 씻음을 받음(계 1:5), ② 영원한 형벌을 벗어남(롬 6:23), ③ 천국의 영생복락을 누리게 된 것이다.(요 14:1-3, 3:16)

2. 불경건과 세상 정욕을 버리게 됨(12절)

“하나님의 은혜(恩惠)” “헤 카리스 투 데우”(ἡ χάρις τοῦ θεοῦ)는 “하나님의 그 은혜”라는 말로, 인간에게 구원을 주는 유일하고, 귀한 은혜임을 강조하며, 또한 하나

님은 그의 그 무한하신 은혜로써 우리를 양육하신다는 뜻
이다. "경건치 않은" "아세베이안"(ἀσέβειαν)은 하나님을
예배(禮拜)치 않으며, 기쁘시게 하지 않는 것을 뜻하고,
"이 세상 정욕(情慾)" "타스 코스미카스 에피뒤미아스"
(τὰς κοσμικὰς ἐπιθυμίας)는 "그 세상에 속한 정욕들"이
며, 이는 세상에 속한 끝없는 욕망을 의미하고, "버린다"
"알네오마이"(ἀρνέομαι)는 "거절한다, 부정한다, 포기한
다"는 뜻이다. 이와 같이 하나님의 은혜를 통해서만 불경
건과 세상의 정욕을 버리도록 교육하며 훈계할 수 있는
것이다.

3. 근신과 의로움과 경건으로 살게 됨(12절)

"근신함" "소프로노스"(σωφρόνος) "정신 차려서, 절제
있게, 자제하여"이며, "의로움" "디카이오스"(δικαίως)는
"의롭게, 바르게, 정직하게"이고, "경건함으로" "유세보
스"(εὐσεβώς)는 "경건하게, 예배적으로"라는 의미이며, "이
세상에" "엔 토 뉜 아이오니"(ἐν τῷ νύν αἰώνι)는 현실
적인 세상을 뜻하는바, 불신과, 불의와, 죄의 정욕이 가득
찬, 현재적인 세상을 의미한다. 우리가 어떻게 이와 같은
세상에서 정신적으로 깨어 있으며, 사랑의 의로움을 행하
며, 하나님을 기쁘시게 하는 경건한 삶을 살 수 있겠는가?
그것은 오직 하나님의 은혜로운 훈련을 받으며, 교육을 받
지 않고는 불가능한 것이다.

4. 소망과 영광을 기다리게 됨(13절)

"복스러운 소망" "텐 마카리안 엘피다"(τὴν μακαρίαν ἐλπίδα)는 "그 행복한 소망, 그 복스러운 희망"이라는 말로, "하나밖에 없는, 갈수록 행복하며, 영원무궁토록 깊어지며, 새로워지는 그리스도의 희망"을 의미하며, 바로 "그리스도의 영광"을 의미한다. 그러므로 신자들을 하나님의 은혜로서 성장하도록 교육할 것이다.

5. 모든 불법에서 우리를 구속키 위함(14절)

"주심은" "에도켄"(ἔδωκεν)은 "디도미"(δίδωμι) "준다, 돌린다, 하사한다, 넘겨준다"의 제1과거 능동으로, 한번 주시고 영원(永遠)히 주시는 상태(狀態)이며, "모든 불의에서" "아포 파세스 아노미아스"(ἀπὸ πάσης ἀνομίας=from all iniquity)는 "모든 불법으로부터"이며 "구속하다" "뤼트로오"(λυτρόω)는 "속전을 내고 놓아준다, 구속한다, 속량한다, 해방한다"는 의미이다. 이와 같이 그리스도께서 자신의 몸을 십자가(十字架)에 내어주심으로써, 우리를 모든 죄와 허물에서부터 속량하신 것이니, 감사하지 아니할 수 없는 것이다.

6.우리를 깨끗하게 하시기 위함(14절)

"깨끗하게 하다" "카다리조"(καθαρίζω)는 "깨끗하게 한다, 순결하게 한다"이며, 이는 신앙적이며 영적인 순결과 도덕적인 순결을 포함하는 말이다. 그러나 본문에서의 "깨끗함"은 내적이며, 영적인 "깨끗함"을 더 의미하고 있다. 그리스도의 십자가의 공로를 통하여 모든 불법에서 해방된 것은, 자유를 의미하는 동시에 죄로부터의 성결을 의미하는 것이다. 그러므로 주 앞에서 정결타고 자랑할 수 없는 것이다.

7. 선한 일에 열심인 백성을 만들기 위함(14절)

"선한 일" "칼론 엘곤"(καλών ἔργων)은 하나님의 일을 뜻하며 "친백성이 되게 하려 하심이니라" "헤아우토 라온 페리우시온"(ἑαυτῷ λαὸν περιούσιον)은 "자기를 위하는 특별한 백성이 되게 하려 하심이니라"는 의미이다. (고후 5:15) 그러므로 (고후 5:15)에 "저가 모든 사람을 대신하여 죽으심은 산자들로 하여금 다시는 저희 자신을 위하여 살지 않고 오직 저희를 대신하여 죽었다가 다시 사신 자를 위하여 살게 하려 함이니라"고 했다.

B. 은혜로 말미암은 은혜로운 행위들(2:15-3:2)

"15.너는 이것을 말하고 권면하며 모든 권위로 책망하여 누구에게든지 업신여김을 받지 말라. (3:1-2). 1.너는 저희로 하여금 정사와 권세 잡은 자들에게 복종하며 순종하며 모든 선한 일 행하기를 예비하게 하며. 2.아무도 훼방하지 말며 다투지 말며 관용하며 범사에 온유함을 모든 사람에게 나타낼 것을 기억하게 하라."(2:15-3:2)

2:15절 이제 바울은 디도에게 이것들을 가르치라고 한다. "이것들"이란 (2:1-10)에서 언급된 경건한 행동들과 14절에서 "선한 일"이라고 언급된 것이다. 디도도, 디모데처럼(딤전 4:12; 딤후 4:2) 과감하게 목회에 임해야 하며, 잘하는 이들을 격려하고, 어긋난 이들을 책망해야 한다. 또 이렇게 함에 있어서 그 누구의 위협을 받아서도 안 된다.

앞서 교회 안에서의 각종 교훈에 이어, 사회생활에 있어서 성도의 태도를 교훈한다. 디모데전서의 2장과 비슷하다. 1-2절에는 먼저 왕과 일반에 대하여 순종하고, 온유하게 대할 외적 태도를 지시하고 있다. 그래서 오늘 우리 성도들이 위정자들에 대하여, 어떻게 해야 할 것인가를 말씀드리고, 또 불신 세상 사람들에 대하여 우리의 가질 태도에 대하여 생각해 보려고 한다.

1. 통치자에게 신자를 복종케 하는 일(3:1절)

"정사" "알카이스"(ἀρχαίς)와 "권세" "엑수시아이스"(ἐξουσίαις)는 국가의 통치자들을 뜻하며, "복종하며" "휘포타스세스다이"(ὑποτασσεσθαι=to be subject)는 "휘포타스소"(ὑποτάσσω) "복종시킨다, 종속시킨다, 예속한다, 복종한다, 순종한다"의 현재 중간 부정사로, 자기가 자신을 위해서 복종(服從)하는 것을 뜻하며, "순종하며" "페이달케인"(πειθαρχείν)도 순종하고 복종하는 것을 의미한다. 그러면 본문에서 바울이 같은 뜻을 두 번 강조한 것은 무슨 의미인가? 그것은 목회자는 신자들을 국가의 통치자들에게 반드시 순종하고 복종케 해야 함을 뜻한다. 통치자(統治者)에게 순종하고 복종할 뿐만 아니라, 그들을 위해서 기도해야 한다.(딤전 2:1-2) 성경은 정권 잡은 자에게 복종할 것을 (롬 13장; 벧전 2:13)에서도 강조하고 있다. 지상 국가의 권세는 하나님께서 허락(許諾)하신 것이기 때문에 통치 세력은 하나님의 선하신 뜻에 복종해야 하며, 시민으로서 의무를 다해야 한다.

2. 모든 선한 일을 예비케 하는 일(1절)

"모든 선한 일을 행하기를" "프로스 판 엘곤 아가돈"(πρὸς πάν ἔργον ἀγαθὸν=to every good work)은 "모든 선한 일을 위하여, 모든 선한 일을 향하여"이며, "예비하게 하며" "헤토이무스 에이나이"(ἑτοίμους εἶναι =to be ready)는 언제든지 선한 일을 행하도록 이미 준비되어 있는 상태를 의미한다.

그러면 본문에서의 선한 일은 무엇인가? 하나님의 일이다. 목회자는 성도들이 하나님의 일에 봉사하도록 그들의 마음에 사명감을 준비하여 주는 일이 필요하다.

3. 아무도 훼방하지 않게 하는 일(1절)

"아무도 훼방하지 말며"에서 "훼방" "브라스페미아"

(βλασφημία)는 "비방, 중상, 모욕, 명예 훼손, 모독, 욕지거리"라는 뜻인데, 신자들이나, 불신자들이나, 누구도 비방하거나 멸시하여서는 안 된다는 의미이다.

4. 신자들로 다투지 않게 하는 일(2절)

"다투지 말며" "아마쿠스"(ἀμάχους)는 "평화를 좋아하며"라는 뜻이다. 누가 타인과 다투지 않는가? 평화를 좋아하며 사랑하는 사람이다. 오늘의 한국 교회가 왜 그렇게 시기하며, 다투며 중상 모략하는지 생각하면 실로 부끄러운 일이다. 그러므로 목회자는 율법으로 다투는 신자들을 만들지 말고, 그리스도의 십자가의 사랑을 통하여 평화의 신자들로 양육해야 할 일이다.

5. 신자들로 관용케 하는 일(2절)

"관용" "에피에이케이아"(ἐπιείκεια)는 "너그러움, 온화함, 은혜로움"을 의미한다. 위에서도 말한 것과 같이 믿는 신자들끼리 왜 시기하며, 다투며 싸우는가?

근본적으로 마음이 너그럽지 못하고 신앙의 성품이 율법적이기 때문이며, 그리스도의 은혜가 무엇인지 알지 못하기 때문이다. 참으로 현대(現代) 교회와 신자들에게 필요한 것이 있다면 사랑의 너그러움과 은혜로운 마음이 아닐 수 없다.

6. 범사에 온유하게 하는 일(2절)

"온유함" "프라위테타"(πραΰτητα)는 "온유, 친절, 겸손, 동정심, 공손"이며(마 11:29)의 "나는 마음이 온유하고"의 "온유"가 바로 본문의 "온유"라는 말이다.

그리고 모든 사람에게 온유함을 나타내라는 것은, 결국 그리스도의 부드럽고 친절하며, 겸손한 마음의 온유를 삶 속에서 실천하라는 의미이다. 그러므로 "모든 사람에게" "프로스 판타스 안드로푸스"(πρὸς πάντας ἀνθρώπους)는 "모든 사람들을 향하여"이며, 이것은 모든 사람들 가까이, 피부로 느끼도록 온유를 나타냄을 의미하는 것이다.

C. 은혜를 통한 경건한 삶(3:3-8)

"3.우리도 전에는 어리석은 자요 순종치 아니한 자요 속은 자요 각색 정욕과 행락에 종노릇한 자요 악독과 투기로 지낸 자요 가증스러운 자요 피차 미워한 자이었으나. 4.우리구주 하나님의 자비와 사람 사랑하심을 나타내실 때에. 5. 우리를 구원하시되 우리의 행한바 의로운 행위로 말미암지 아니하고 오직 그의 긍휼하심을 좇아 중생의 씻음과 성령의 새롭게 하심으로 하셨나니. 6. 성령을 우리 구주 예수 그리스도로 말미암아 우리에게 풍성히 부어 주사. 7.우리로 저의 은혜를 힘입어 의롭다 하심을 얻어 영생의 소망을 따라 후사가 되게 하려 하심이라. 8.이 말이 미쁘도다 원컨대 네가 이 여러 것에 대하여 굳세게 말하라 이는 하나님을 믿는 자들로 하여금 조심하여 선한 일을 힘쓰게 하려 함이라 이것은 아름다우며 사람들에게 유익하니라."(3:3-8)

1. 우리의 전의 상태(3:3)

1) 어리석은 자였음(3절)

"전에는" "포테"(ποτέ)는 믿지 아니하던 때를 뜻하며, "어리석은 자" "아노에토이"(ἀνόητοι)는 "소용없는 자, 무익한자, 헛된 자, 가치 없는 자"라는 의미이다. 다시 말하면 "어리석은 자"였다는 것은 그리스도에게 무가치하고 무익한 것을 뜻하며, 자신은 죽은 상태를 의미한다. 그러나 지금은 그리스도 안에 있는 생명을 소유한 자이며, 그러므로 그리스도에게 없어서는 안 될 꼭 필요한 자로 실존하는 것이니 진심으로 감사치 아니할 수 없다.

2) 순종치 아니하는 자였음(3절)

"순종치 아니한 자요" "아페이데이스"(ἀπειθείς)는 "믿지 않는 자"라는 뜻이다. 그리고 여기서 "아페이데이스"(ἀπειθείς)는 전혀 믿을 수 없는 자를 의미한다. 우리가 지금 하나님을 믿으며, 그리스도를 구세주로 고백하는 것은 전적으로 하나님의 은혜인 것이다. (고전 12:3 참조)

에 "또 성령으로 아니하고는 누구든지 예수를 주시라 할 수 없느니라."고 했다.

 3) 속은 자였음(3절)

 "속은 자요" "프라노메노이"(πλανώμενοι)는 "프라나오"(πλανάω) "길을 잃게 한다, 나쁜 길로 이끈다, 방황하게 한다, 속인다"의 현재 수동분사로 마귀에게 미혹을 받아 길을 잃고 방황하는 자라는 뜻이다. 이와 같이 오늘날 그리스도를 믿지 못하고 멸망의 길을 걸어가는 자들은, 마귀에게 속은 자들이요, 방황하는 불쌍한 자들이다. 이러한 나의 과거를 안다면, 오늘의 구원 받은 나를 어떻게 하면 하나님께 그 은혜를 보답할 수 있겠는가? 오직 하나님께 영광을 돌리는 삶이다.

 4) 악독과 투기로 지낸 자였음(3절)

 "악독과 투기로" "엔 카키아 카이 프도노"(ἐν κακία καὶ φθόνῳ)는 "악독과 질투 안에"이며, 이는 악과 시기·질투에 포로가 되어있는 상태이며, "지낸 자요" "디아곤테스"(διάγοντες)는 "디아고"(διάγω)의 "생애를 보낸다."는 말의 현재분사로, 여러 가지 악독과 시기와 질투 속에 갇혀서, 계속하여 악을 행하며, 시기하고, 질투하며 싸운 것을 의미한다. 사람들이 무엇 때문에 악을 행하며 시기하고, 질투하며 싸우고 죽이는가? 그것은 거기에 포로가 되어 있기 때문이다. 그러므로 자신의 과거와 오늘을 생각하고 불평불만하지 말고 감사하는 마음으로 살 것이다.

5) 가증스러운 자였음(3절)

"가증스러운 자" "스튀게토이"(στυγητοί)는 "미움을 받는 자"란 뜻이며, 이것은 하나님의 사랑을 받지 못하고, 그의 미움과 심판을 받았던 상태를 의미한다.

하나님은 그리스도를 통하여 미움을 받는 나를 사랑을 받는 자로, 그리고 심판을 받을 나를 용서를 입은 자로 만드신 것이니 오늘의 나는 전적으로 하나님의 은혜 때문인 것이다.(고전 15:10)

6) 피차 미워하는 자였음(3절)

"피차 미워하는 자" "미순테스 알레루스"(μισούντες ἀλλήλούς)는 "서로 계속하여 미워하고, 핍박하는 습관적인 상태에 빠져있는 것"을 의미한다. 우리를 그와 같은 삶에서 구원하셨으니, 진심으로 그 은혜에 감사해야 한다. 그러므로 자신의 과거와 오늘을 생각하며, 불평불만하지 않고 감사하는 마음으로 살 것이다.

2. 구원 받는 동기(4절)

하나님의 자비와 사랑이다. "우리 구주 하나님의 자비와 사람 사랑하심을 나타내실 때에" 여기서 "우리 구주 하나님"은 하나님께서 우리를 구원하셨다는 것이요, 우리를 구원하시기 위하여 오신, 예수 그리스도 사건은 인간을 향한 하나님의 자비와 사랑인 것이다.

3. 우리의 행위가 아니다.(5절)

"구원하시되" "에소센"(ἔσωσεν)은 "소조"(σῷζω) "구원하다"의 제1과거 능동으로, 단번에 영원히 구하심을 뜻하며, "오직 그의 긍휼하심을 좇아" "알라 카타 토 아우투 엘레오스"(ἀλλὰ κατὰ τὸ αὐτού ἔλεος)는 "오직 그의 그 긍휼하심을 따라서"이며, 이는 하나밖에 없는 하나님으로부터 나오는, 사랑과 자비의 본질에서 솟는 불쌍히 여기는 구체적인 긍휼을 의미하는 것이다.

4. 중생의 씻음으로 하였다.(5절)

"중생의 씻음" "디아 루트루 팔링게네시아스"(διὰ λο-ύτρού παλιγγενσίας)는 "다시 나는 씻음을 통하여, 거듭나는 목욕을 통하여, 중생의 씻음을 통하여"이며, 이는 물과 성령으로 거듭나게 하심으로써, 구원하셨다는 뜻이다. 다시 말하면 구원받은 상태는 거듭난 상태를 뜻하며, 그리스도 안에서의 중생이 곧 구원이라는 의미를 가진다.

5. 성령의 새롭게 하심으로 된다.(5절)

"새롭게 하다" "아나카이노"(ἀνακαινόω)는 "새롭게 한다, 회복시킨다, 갱신한다"는 말이며, 위를 향하여 질적으로 새로워지는 것을 의미한다. 이와 같이 구원은 하나님을 향하여 질적으로 새로워지는 내적인 영혼의 변화이다.

6. 그리스도로 말미암아 성령이 부어짐(6절)
"말미암아" "디아"(διά)는 "통하여"이며, "부어 주사" "엑세케엔"(ἐξέχεεν)은 "엑케오"(ἐκχέω) "쏟아낸다, 붓는다"의 제1과거 능동으로, 단번에 풍성하게 부어 주신 것을 의미한다. 이와 같이 그리스도께서 아버지를 통하여 오신 것처럼, 성령께서 그리스도를 통하여, 우리에게 풍성하게 부어 주신 것이다.

7. 은혜를 힘입어 의롭다 하심으로 되었다.(7절)
"저의 은혜로" "테 에케이누 카리티"(τῇ ἐκείνου χάρ -ιτι)는 "그리스도의 은혜로"라는 의미이며, "의롭다 하심을 얻어" "디카이오덴테스"(δικαιωθέντες)는 "디카이오오"(δικαιόω) "공의를 보인다, 옳게 여긴다, 정당화 한다"의 제1과거 수동분사로 그리스도의 은혜로 단번에 의롭게 됨을 의미한다.
그러나 성령의 도우심이 없이는 그리스도의 십자가의 구속의 은혜를 깨달을 수 없으며, 믿을 수 없는 것이다. 그러므로 하나님께서 성령을 풍성히 부어 주사, 그리스도의 은혜를 통하여 단번에 의롭게 하시는 것이다.

8. 영생의 소망을 얻게 하기 위함임(7절)

"영생의 소망을 따라" "카트 엘피다 조에스 아이오니우" (κατ' ἐλπίδα ζωῆς αἰωνίου)는 "영원한 생명의 희망을 따라" 라는 말이며, 이는 성령의 계시를 통하여서만 그리스도가 부활하심으로 우리에게 열어 놓으신 영원한 생명의 희망을 볼 수 있고 따라갈 수 있음을 의미한다.

9. 그리스도의 후사가 되게 하기 위함(7절)

"후사" "크레로노모스"(κληρονόμος)는 "상속자, 후사"이며, 이는 하나님의 영광과 부와 가치를 누리는, 영원한 그의 자녀가 되는 것을 뜻하며, "되게 하려 하심이니라" "게네도멘"(γενηθῶμεν)은 "기노마이"(γίνομαι) "된다"의 제1과거 수동 가정으로, 성령의 인도와 보호와 도움이 없이는, 하나님의 영원한 기업을 물려받는 상속자가 될 수 없음을 의미한다.

10. 복음을 굳세게 말해야 한다.(8절)

1) 말씀은 신실하기 때문임(8절)

"굳세게 말하라" "디아베바이우스다이"(διαβεβαούσθαι)는 "디아베바이오오마이"(διαβεβαιόομαι) "확인한다, 주장한다"의 현재 중간태 부정사로, 확신과 신념과 긍지를 가지고, 말하는 상태를 뜻하며, 그리고 "이 여러 것에 대하여"는 바울이 디도에게 지금까지 교훈한 것들을 의미하고, 그 첫째의 이유는 무엇인가? 하나님의 말씀은 신실하기 때문이다. "이 말이 미쁘도다" "피스토스 호 로고스"(Πιστὸς ὁ λόγος)는 "그 말씀은 신실하도다, 믿을 만 하도다"라는 의미이며, 여기서 "그 말씀"은 하나님의 말씀을 의미한다.

2) 선한 일을 힘쓰게 하기 위함(8절)

"선한 일" "칼론 엘곤"(καλῶν ἔργων)은 5절의 중생의 씻음과 성령의 새롭게 하시는 일들을 의미하고, "힘쓰게 하려 함이라" "프로이스타스다이"(προΐστασθαι)는 "앞장 서게 하려 함이라, 다스리게, 돌보게, 종사하게 하려 함이라"는 의미이다. 그러므로 목회자가 하나님의 말씀을 담대히 설교할 이유가 여기에 있는 것이다.

3) 말씀은 유익을 주기 때문임(8절)

"이것은" "타우타"(ταύτα)는 "이것들"(these things)이라는 말로, 역시 5절의 중생의 씻음과, 성령의 새롭게 하시는 일들을 의미하며, 그것은 말씀으로 씻는 것과, 성령의 새롭게 하심을 힘입지 않고는 불가능한 것이다. 그러므로 이와 같은 진리의 말씀을 되도록이면, 많이 그리고 담대히 증거 하도록 해야 할 것이다. 왜냐하면 이 말씀의 진

리는 사람들에게 내적인 중생의 변화를 주며, 그들의 삶에
무한한 유익과 엄청난 축복을 가져다줄 것이기 때문이다.

D. 은혜로 말미암지 않은 행위들(3:9-11)

"9.그러나 어리석은 변론과 족보 이야기와 분쟁과 율법
에 대한 다툼을 피하라 이것은 무익한 것이요 헛된 것
이니라. 10.이단에 속한 사람을 한두 번 훈계한 후에 멀
리하라. 11.이러한 사람은 네가 아는 바와 같이 부패하
여서 스스로 정죄한 자로서 죄를 짓느니라."(3:9-11)

1. 헛되고 망령된 것을 피할 것이다.(9절)

1) 어리석은 변론과 족보 이야기(9절)
"피하라" "페리이스타소"(περιΐστασο)는 "자신을 위해
서 절대적으로 피해야한다"는 의미를 가지며, "어리석은
변론" "모라스 제테세이스"(μωράς ζητήσεις)는 "어리석
은 논쟁, 토론"이라는 말로, 무익하고 헛된 이야기들을 대
표하는 말이며, "족보 이야기" "게네아로기아스"(γενεαλ
-ογίας)는 가문과 혈통을 캐는 이야기를 뜻하는데, 이것은
특히 선민인 유대인들에게 해당되는 말이다.
오늘 우리 한국 교회로 말하면 "어느 교파에 속했느

냐?" "어떠한 교회에 나가느냐?" 등과 같은 교파나 교회
의 외부적인 조건들을 따지는 이야기를 의미한다.

2) 분쟁과 율법에 대한 다툼(9절)
"분쟁" "에린"(ἔριν)은 "다툼, 불화"라는 말로, "에리데
이아"(ἐριθεία)의 "다툼, 이기심, 이기적 야심"이란 말의
밑에 있어서, 이는 "이기심으로부터 생기는 싸움과 다툼"을
가리키며, "율법에 대한 다툼" "마카스 노미카스"(μάχας
νομικάς)는 "율법에 속한 싸움"이라는 말로, 이것은 율법
을 옹호하는 율법주의자들과의 싸움을 의미한다. 이 말은
결국 율법을 변호하는 일에 싸우지 말라는 뜻이며, 율법주
의자들과 쓸데없이 다투거나 싸우지 말라는 의미인 것이
다.

3) 이단에 속하여 있는 자들(10절)
"이단에 속한 사람" "하이레티콘 안드로폰"(αἱρετικὸν
ἄνθρωπον)은 "이단적인 사람, 당파적인 사람, 분열을 일
으키는 사람"이란 뜻이며, 그 당시 유대의 율법주의와, 금
욕주의와, 기타의 파당에 속하여 그리스도의 교훈을 거절
하며 배척하는 자들을 의미한다.

3:11절에 "이러한 사람은 네가 아는 바와 같이 부패하여
서, 스스로 정죄한 자로서 죄를 짓느니라." 하였는데, 여기

서 "부패하여"는 생명 없는 나무가 썩은 것처럼, 그 인격이 타락한 것을 의미한다. "스스로 정죄한 자" 이는 자기가 자기 죄를 정함으로, 멸망을 받게 되는 것이다.(히 10:26-27)

VI. 마지막 교훈과 인사(3:12-15)

"12.내가 아데마나 두기고를 네게 보내리니 그때에 네가 급히 니고볼리로 내게 오라 내가 거기서 과동하기로 작정하였노라. 13.교법사 세나와 및 아볼로를 급히 먼저 보내어 저희로 궁핍함이 없게 하고. 14.또 우리 사람들도 열매 없는 자가 되지 않게 하기 위하여 필요한 것을 예비하는 좋은 일에 힘쓰기를 배우게 하라. 15.나와 함께 있는 자가 다 네게 문안하니 믿음 안에서 우리를 사랑하는 자들에게 너도 문안하라 은혜가 너희 무리에게 있을지어다."(3:12-15)

본문은 본 서신의 결문으로 사무적이며, 형식적으로 간략히 맺고 있다. 즉 디도에게 빨리 오라는 부탁을 중심으로 몇 가지 지시를 한 후, 최후의 서신적(書信的) 문안과 축도를 하는 것이다.

1. 부탁을 하였다.(12-13)

12절에 "내가 아데마나 두기고를 네게 보내리니 그때에 네가 급히 니고볼리로 내게 오라 내가 거기서 과동하기로 작정하였노라"고 했다. "아데마"라는 사람의 행적에 대하여는 자세히 알 길이 없다. 다만 그가 디도의 동역자인 사실은 이 구절을 보아 알 수 있다. "두기고"는 아시아주(州) 출신으로 바울의 제자 중 한 사람이었다.(행 20:4; 엡 6:21; 골 4:7; 딤후 4:12) 바울의 제1차 로마 옥중 생활 때「에베소서」,「골로새서」,「빌레몬서」를 가지고, 오네시모를 동반하여 소아시아를 방문하였다.(엡 6:21)

1) "니고볼리"로 오라 하였다.(12절)

"니고볼리"라는 이름을 가진 도시는 길리기아에도 하나 있고, 마게도냐의 드레스에도 있고, 에피루스에도 있다. 니고볼리는 "승리의 도시"란 뜻으로, 군사적 승리를 거둔 곳에 흔히 붙이는 이름으로, 여러 곳에 같은 이름의 도시들이 있었다.

12절에 "거기서 과동하기로 작정했다"란 (딤후 4:21)을 연상케 하는데, 노경에 이르는 사도가 그의 노쇠한 몸을 위해 과동할 처소를 찾는 심정을 상상해 볼 수 있다. 바울은 그의 원대로 니고볼리에서 과동하지를 못하고, 본서를 보낸 후 얼마 안 되어 니고볼리를 향해 여행하던 도중, 또는 그

곳에 도착한 후, 로마 관원에게 체포되어 두 번째로 로마 감옥으로 호송되고, 거기서 겨울을 보낸 것으로 보인다.

2) 궁핍함이 없게 대접하라.(13절)

"교법사 세나와 및 아볼로를 급히 먼저 보내어 저희로 궁핍함이 없게 하고"에서 "교법사" "톤 노미콘"(τον νομικόν)은 "율법교사, 율법사, 교법사"라는 뜻인데 "세나"가 과거에 유대인으로서 율법을 가르치는 교사였는데, 개종한 것인지(행 18:24, 27; 고전 16:12), 아니면 유언장이나 소송장을 쓰는 데에 협력해주는 로마의 "교법사"이었는지는 확실치 않으며, "궁핍하다" "레이포"(λείπω)는 "핍절하다, 부족하다"는 말로, 물질적인 궁핍을 의미하며, 정신적인 불안을 의미하기도 한다. 이와 같이 하나님의 복음을 전하는 목회자(牧會者)들이, 물질적으로 궁핍할 때에 물질을 채워주고, 돕는 것은 교회 신자들이 해야 할 마땅한 의무인 것이다.

"목회자를 어떻게 대접할 것인가?"

"후한예로 우리를 대접하고" "폴라이스 티마이스 에티메산 헤마스"(πολλαίς τιμαίς ἐτίμησαν ἡμάς)는 "많은 존경으로 우리를 존경했다"이며 이것은 물질적인 대접을 의미하지 않고, 마음과 정신적(精神的)인 대접(待接)과 존경을 의미하며, "우리의 쓸 것을" "타 프로스 타스 크레이아스"(τὰ πρὸς τὰς χρείας)는 "우리의 필요한 것들을" 이며 마음의 존경이 크면 클수록, 외부적인 물질의 대접도 풍성함을 배운다. 이와 같이 신자들이 목회자를 대접할 때, 마음에서부터 우러나오는 후한 존경과 대접으로 대접할 것이다. 왜냐하면 그러한 존경과 대접이 없이는, 물질적인 대접도 불가능하기 때문이다.

예수님과 같이 영접할 것이다. "영접하였다" "에덱사스데"(ἐδέξασθε)는 "데코마이"(δέχομαι) "영접한다, 환영한다, 환대한다"의 제1과거 중간태 직설(直說)로, 이것저것 생각하거나 계산하지 않고 무조건 영접하고 대접한 것을 의미한다.

3) 좋은 일에 힘쓰기를 배우게 하라 하였다.(14절)

"또 우리 사람들도 열매 없는 자가 되지 않게 하기 위하여 필요한 것을 예비하는 좋은 일에 힘쓰기를 배우게 하라"고 하였다. 이것은 그레데교회의 형제자매들이, 위의 세나와 아볼로 같은 이들을 물질적으로 도와주므로, 하나님의 축복을 받아서 많이 결실(結實)하는 자들이 되라는 것이다. 물질을 가지고 남을 도와주면, 하나님의 축복을 받아서 더욱 풍성하여 지는 것이다.(행 20:35; 잠 11:25, 19:17, 22:9 참조)

2. 문안하였다.(15절)

“나와 함께 있는 자가 다 문안하니”라고 했다. 여기서 “나와 함께 있는 자”는 바울의 동역자들을 가리킨다. 또 “믿음 안에서 우리를 사랑하는 자들에게 너도 문안하라”고 했는데, 여기서 “문안”은 하나님 안에서 형제를 사랑하게 하며 서로의 믿음을 돈독하게 하는 계기가 되는 것이다.

　3. 축복을 했다.(15 下)

“은혜가 너의 무리에게 있을 지어다” 이 부분은 다른 목회 서신들의 축도와 같으나, 대상이 “너희 무리”로 된 점이 다르다. 이는 디도 개인에게 보낸 서신이지만 그를 통해 전 교회를 상대하기 때문이다. 특히 사도의 축복은 하나님께서 들어주시는 거룩한 기도인 것이다.(마 10:12-13) 그리고 바울은 본서를 마치면서 디도와 그레데 교인들을 위해 축도를 한다.

결 론

지금 우리는 디도가 목회하던 제1세기 그레데 사람들의 시대에 살고 있지 않다. 우리는 21세기라는 포스트모더니즘 정신이 호령하는 시대에 목회를 하고 있다. 표면적으로 보면 두 세계를 하나로 연결할 공통분모를 어디에서 찾을 수 없어 보인다. 그러나 시대의 외적 조건에도 불구하고 시대의 본질에서 한 가지 뚜렷한 공통점을 발견할 수 있다.

1세기의 그레데 지역 성도들이 비록 교회 안에 있었지만 세상과 구별되는 점을 갖지 못했던 것처럼, 오늘날 우리

시대의 교회도 세상의 대안이 되기를 포기한 것처럼 보인
다. 그레데 사람들이 삶의 기본적 윤리도 갖지 못했던 것처
럼, 현대 교회 가운데 근본적 윤리조차 무너져 내린 서글픈
모습을 목도한다. 이런 혼돈의 시대에 우리는 다시금 바울
이 디도에게 했던 권면을 귀담아 들을 필요가 있다.

우리는 패역한 시대에 교회를 거룩한 삶의 윤리를 펼쳐
보이는 대안 공동체로 세워야 한다. 이것이 디도서 2~3장
에서 바울이 전한 메시지의 골자이다. 이 길만이 교회가
잃어버린 하나님의 영광을 회복하고 하나님 앞에 세상을
세우는 것이 되기 때문이다. 이런 이유로 시대가 어두워질
수록 말씀을 가르치는 목회자의 사명이 중요하다. 우리는
바른 복음을 전해야 한다. 오늘날 은혜로 충만한 사람들의
신실함으로 세상을 설득하기보다는, 마케팅 전략을 사용해
효율성을 높이는 방식으로 기독교를 선전하고 있다.

그러나 분명히 명심해야 할 것은 우리의 목회가 기능적
인 면으로만 치달으면, 공동체의 진정한 변화의 능력은 상
실하고 만다는 것이다. 지금이야말로 우리의 인간적인 방
법들을 내려놓고 하나님의 은혜에 승부를 띄울 때이다.

바울은 그의 목회 서신의 결론으로 부탁과 문안과 축복
으로 끝을 맺는다.

진리의 꼴로 양을 먹이라

2011년 4월 7일   초판 인쇄
2011년 4월 12일   1쇄 발행

지은이   이원석
펴낸이   이명수
발행처   도서출판 세줄(등록번호 2- 4000)
서울시 중구 인현동 1가 111-6, T. 02)2265-3748

ISBN 978-89-92211-42-0   03230
값 13,000 원

* 저자 연락처 ; T. 02-2245-8766   / 이메일 ikaros73@hanmail.net
* 이 책의 판권은 저자에게 있습니다. 저자와의 협약에 의하여 인지는 생략합니다.